NOUVELLES INSTALLATIONS MARITIMES

DU

PORT D'ANVERS

NOTICE

SUR LES

TRAVAUX PROJETÉS ET LES MOYENS EMPLOYÉS POUR LEUR EXÉCUTION

PAR

A. COUVREUX & H. HERSENT

ENTREPRENEURS

BRUXELLES

IMPRIMERIE ET PHOTO-LITHOGRAPHIE H. LEYS

3, rue de la Pompe, 3.

1880

NOUVELLES INSTALLATIONS MARITIMES

DU

PORT D'ANVERS

BASSIN DE BATELAGE ET NOUVEAUX QUAIS A L'ESCAUT

NOTICE EXPLICATIVE

DES

TRAVAUX PROJETÉS ET DES MOYENS D'EXÉCUTION

PROPOSÉS PAR

MM. A. COUVREUX & H. HERSENT

ENTREPRENEURS

Acceptés par Monsieur le Ministre des Travaux Publics en 1877

DESCRIPTION DES MOYENS

MIS EN OEUVRE POUR LA CONSTRUCTION

AVEC DESSINS A L'APPUI

SITUATION DES TRAVAUX AU 1er JUIN 1880

BRUXELLES

IMPRIMERIE ET PHOTO-LITHOGRAPHIE H. LEYS

3, rue de la Pompe, 3.

1880

LE PORT D'ANVERS

HISTORIQUE

La ville d'Anvers est située sur la rive droite de l'Escaut, à 75 kilomètres environ de son embouchure dans la mer du Nord ; en outre des avantages que lui procure sa position géographique, elle a encore celui d'être desservie par de nombreux canaux et un réseau de voies ferrées très-complet, qui la mettent en relations directes avec toute la Belgique, le nord et l'est de la France, ainsi qu'avec la Hollande et le centre de l'Allemagne ; car ce port est plus rapproché que le Havre du nord et de l'est de la France et moins éloigné que Brême et Hambourg d'une grande partie de l'Allemagne. Si nous ajoutons que les tarifs des chemins de fer y aboutissant, sont peu élevés, on comprendra facilement les excellentes conditions dans lesquelles il est placé.

Le port est d'un accès facile pour les navires du plus grand tonnage, qui trouvent presque partout dans le fleuve une profondeur d'eau de 7 à 8 mètres à marée basse. L'Escaut devant Anvers leur fournit une excellente rade, où ils peuvent mouiller avec sécurité. La hauteur des marées, qui varie entre 4 et 5 mètres, favorise non-seulement l'arrivée des navires venant de la mer, mais aussi la navigation de ceux qui remontent le cours de l'Escaut pour pénétrer dans ses affluents ou dans les nombreux canaux qui sillonnent la Belgique.

La grandeur commerciale d'Anvers date du xve siècle ; très-florissant sous le règne de Charles-Quint, le commerce arriva à son apogée sous celui de Philippe II ; à cette époque la population d'Anvers était d'environ 200,000 habitants. Le nombre des navires arrivant à Anvers était alors très-considérable.

Par suite des guerres de la Réforme, cette prospérité ne put se maintenir et la décadence d'Anvers ne fit, avec le temps, que s'accentuer ; à la fin du siècle dernier, la population n'était plus que de 40,000 habitants.

La plupart des grands négociants étrangers s'étaient retirés dans les ports de la Hollande, à Rotterdam et à Amsterdam spécialement.

Le traité de 1795, en rendant libre la navigation sur l'Escaut, permit à Anvers de prendre un nouvel essor. De l'occupation française date la régénération du port d'Anvers. A cette époque, le quai du Werf existait seul à l'Escaut, et six canaux ou criques, dont quatre existent encore aujourd'hui, servaient au débarquement et à l'embarquement des cargaisons.

La position magnifique d'Anvers n'avait point échappé au premier consul ; aussi de grands projets furent-ils conçus alors pour faire d'Anvers un port de premier ordre, tant au point de vue militaire qu'au point de vue commercial.

Les quais Van Dyck et Jordaens furent construits à l'Escaut; le grand et le petit bassin furent creusés et entourés de quais. Un pont devait relier les deux rives du fleuve et des canaux devaient mettre ce dernier en communication avec la Meuse et le Rhin, quand arrivèrent les événements de 1814 qui arrêtèrent l'exécution de ces projets.

Le gouvernement néerlandais ne continua point les travaux, et, pour se débarrasser de leur entretien, il les céda à la ville, qui les fit achever. Bientôt arriva la révolution de 1830, qui, en entraînant la séparation de la Hollande et de la Belgique, devait permettre à Anvers de reprendre à nouveau sa marche progressive.

Depuis ce moment, le gouvernement belge n'a cessé d'apporter des améliorations au port ; la ville, de son côté, s'est constamment efforcée de créer des installations de nature à attirer les navires et les marchandises.

L'affranchissement de l'Escaut, ou rachat des droits de péage que les navires devaient payer au gouvernement hollandais, effectué par le traité du 12 mars 1863, a aussi beaucoup contribué au développement commercial du port ; son tonnage, qui avait à cette date peine à atteindre 500,000 tonnes, arrive à dépasser 3,000,000 de tonnes en 1879. Les droits de navigation perçus par le gouvernement belge ont été supprimés et les taxes locales revisées et réduites.

DESCRIPTION DU PORT ACTUEL

Le port d'Anvers, dans son état actuel, se compose des quais sur l'Escaut, de quatre canaux débouchant dans le fleuve, de sept bassins à flot, d'un sas et de trois formes de radoub. Ces bassins sont les suivants : les deux anciens bassins construits par Napoléon et livrés à la navigation en 1811 et 1813; le bassin du Kattendyk, exécuté par la ville et achevé en 1860; le bassin de jonction, livré en 1869; les bassins aux bois, de la Campine et du canal, finis en 1873.

Surface des sept bassins à flot, 40 hectares.
Longueur des quais, 4 kilomètres.
Longueur des talus, 2 kilomètres 500 mètres.
Surface des quais, 5 hectares 28 ares.

Les voies de chemin de fer établies sur les terre-pleins des bassins atteignent une longueur de 65 kilomètres et occupent une superficie de 32 hectares; il existe de plus 40,000 mètres carrés de hangars couverts.

Les quais à l'Escaut ne sont pas compris, bien entendu, dans cette énumération; ils ont une longueur d'environ 2,200 mètres et ne sont accostables par les navires que sur 500 mètres environ.

Quoique ces installations soient considérables, elles sont encore insuffisantes, et l'on ne saurait donner une meilleure idée de la nécessité des travaux en cours d'exécution actuellement, tant ceux exécutés par la ville que ceux par l'État, qu'en citant quelques extraits des communications faites il y a quelque temps par M. De Wael, bourgmestre d'Anvers, à la Chambre des représentants.

" C'est à dater de 1843 qu'on a commencé à étendre les installations maritimes.

" En 1842-43, 1 mètre de quai correspond à 113 tonn. de jauge moyenne.
" En   1855   "   "   175   "
" En   1864   "   "   237   "
" En   1873   "   "   245   "
" En   1876   "   "   300   "

" L'expérience a démontré que dans ces conditions, la gène devient
" considérable.

" La ville s'efforce d'atténuer le mal en perfectionnant l'outillage; elle a
" établi des engins hydrauliques, organisé un service de remorquage dans
" les bassins, et se propose d'ériger à bref délai une organisation spéciale
" pour la manutention et l'emmagasinage des grains; en un mot, elle a
" mis en œuvre toutes les améliorations possibles dans l'ensemble et les
" détails.

" Si je suis bien renseigné, dit M. De Wael, le tonnage par mètre de
" quai est aujourd'hui quatre fois plus fort à Anvers qu'à Liverpool; il y
" a évidemment une limite qu'on ne peut dépasser.

" Cependant, tenant compte d'une part de l'augmentation annuelle assez
" régulière, d'ailleurs, du tonnage des navires entrant à Anvers; d'autre
" part, des travaux prévus, il est facile d'établir que la gène va toujours
" aller croissant et qu'en 1885, par exemple, l'exploitation devra se suffire
" avec un mètre de quai pour un tonnage de 400 tonnes.

" Il résulte de là à toute évidence qu'il faut se préoccuper d'exécuter les
" travaux en cours dans les délais prévus, mais surtout qu'il faut songer
" à une extension ultérieure très-considérable. "

PROJET DE RECTIFICATION DE L'ESCAUT

ARRÊTÉ PAR LA COMMISSION DE 1870

—

Par traité du 10 janvier 1870, le docteur Strousberg avait été mis en possession des terrains de l'ancienne citadelle du Sud ; il devait approprier ces terrains, construire les bassins de batelage et le mur de quai jusqu'au bastion Saint-Michel, c'est-à-dire toute la première section, telle que l'indique le plan n° 1.

L'État, de son côté, projetait la reconstruction du mur du Kattendyk.

Un plan d'ensemble des travaux à exécuter devenait nécessaire. Le gouvernement nomma en conséquence, le 29 juillet 1870, une commission spéciale chargée d'étudier et d'élaborer un projet de régularisation de l'Escaut devant Anvers, en indiquant le meilleur tracé de la nouvelle ligne des quais à construire sur la rive droite.

A Anvers l'amplitude moyenne de la marée est de 4^{m}05. Les marées basses sont à 0^{m}15 au-dessus du zéro d'Ostende; la plus basse marée connue est descendue à 0^{m}74 en contrebas de ce plan, et la plus haute s'est élevée à 6^{m}77 (31 janvier 1877) ; aussi a-t-elle inondé une partie de la ville.

La vitesse maximum des courants atteint, pour celui de flot, 1^{m}90, et celui de jusant 1^{m}86 ; elle se produit à peu près à demi-marée.

Enfin, la durée du flot au moment des syzigies est d'à peu près 5 heures 20 minutes, et celle du jusant de 6 heures 40 minutes; le volume d'eau que fait passer la marée est d'environ 55 millions de mètres cubes.

Permettre et aider aux eaux de flot et de jusant de circuler facilement ; augmenter et régulariser la vitesse des courants afin d'éviter les ensablements et de maintenir au fleuve sa section et à Anvers sa magnifique rade; permettre en outre aux plus grands navires, en tout temps, l'accostage des quais, pour les opérations de chargement et de déchargement, fut le problème que se posa la commission.

Elle fut d'avis, et dans son rapport du 10 novembre 1870 elle conclut que l'on devait, pour remplir ces conditions, régulariser le cours de l'Escaut en lui donnant une largeur régulière de 350 mètres devant Anvers (*Plan* n° 1), et ce en traçant une courbe affectant la forme générale de la rive droite devant la ville, ligne composée d'arcs de cercle tracés avec différents rayons se raccordant tangentiellement.

Partant du musoir sud de l'écluse du Kattendyk, cette courbe passe derrière le Werf en l'enlevant, supprimant ainsi un étranglement qui gêne les courants de marée et permettra par suite à un plus grand volume d'eau de passer devant Anvers, car à cet endroit la largeur du fleuve n'est que de 270 mètres et les profondeurs atteignent jusqu'à 15 mètres, tandis qu'en amont, à Burght, le fleuve a 400 mètres, 600 mètres au droit de l'ancienne citadelle du Sud, 335 mètres au droit de la batterie Saint-Michel et 360 mètres en face de l'entrée de l'écluse du Kattendyk. Ces différences de largeur entraînent nécessairement des différences de profondeur. La courbe, après le Werf, passe tangentiellement au bastion Saint-Michel, s'avance de plus de 100 mètres dans le fleuve au droit de l'ancienne citadelle du Sud et vient se raccorder ensuite à l'ancienne rive, un peu en amont des nouvelles fortifications.

Cette disposition, qui paraissait réunir de grands avantages pour que le thalweg se tînt régulièrement devant les quais et que la vitesse des courants de marée devînt plus régulière, fut acceptée comme la base des projets à étudier.

Les espérances fondées sur ce tracé commencent à se réaliser par suite des travaux en cours d'exécution ; la comparaison des sondages faits par les ingénieurs des ponts et chaussées contradictoirement avec ceux de l'entreprise en 1877 et 1880, et rapportés sur le plan n° 1, en donne une juste idée et fait bien augurer pour la réussite définitive du projet.

Ce plan d'ensemble fut approuvé par arrêté royal du 5 mai 1871.

Le Gouvernement, en 1873, mit en adjudication la reconstruction partielle du mur de quai du Kattendyk ; le mode de construction adopté consistait à fonder des piles en maçonnerie au moyen de l'air comprimé, à 15 mètres sous marée basse, et à les réunir ensuite par des voûtes. Des offres furent faites, mais elles ne furent point acceptées.

D'un autre côté, les désastres qui frappèrent le docteur Strousberg, l'empêchèrent de mettre la main à l'œuvre et de remplir ses engagements. Après entente avec la Compagnie Immobilière de Belgique d'une part, qui reprit la concession, et la Ville d'Anvers d'autre part, l'État prit à sa charge, en vertu d'une loi ratifiée le 17 avril 1874, la reconstruction complète des quais devant Anvers et le creusement d'un bassin de batelage sur le terrain de l'ancienne citadelle du Sud.

Les projets des nouvelles installations maritimes d'Anvers comportent donc sur la rive droite de l'Escaut :

1° Un mur de quai de 3,500 mètres environ de longueur, avec 8 mètres au moins de tirant d'eau à marée basse sur toute son étendue, depuis l'écluse du bassin du Kattendyk, jusqu'à l'extrémité des terrains de la citadelle du Sud. L'installation dans ce mur de trois embarcadères flottants, permettront l'accostage aux navires à toute heure de la marée ;

2° Un bassin de batelage de près de 4 hectares de superficie et ayant 1,800 mètres de murs de quai au pourtour, avec une largeur de 30 mètres de terre-plein jusqu'aux façades des maisons ;

3° Une écluse à sas, de 13 mètres de largeur, donnant accès de l'Escaut au bassin de batelage, avec un chenal d'entrée permettant l'attente en dehors du courant et favorisant ainsi les opérations d'entrée et de sortie ;

4° Une digue de raccordement, continuant à l'amont du quai la nouvelle rive de l'Escaut ;

5° Le remblai des emprises sur l'Escaut, et des petits canaux des Brasseurs, Saint-Pierre, etc., et l'enlèvement du Werf.

C'est pour l'exécution de ces travaux, suivant le tracé de 1870 et suivant un nouveau tracé qui surgit en dernier lieu et qui ne fut pas maintenu, que furent demandées des offres.

CONCOURS POUR L'ENTREPRISE DES TRAVAUX.

Le concours pour l'adjudication des travaux fut restreint; un certain nombre d'entrepreneurs les plus importants en Europe furent appelés à présenter des projets et des prix.

Le cahier des charges s'exprimait ainsi :

ARTICLE PREMIER. L'entreprise constituera un forfait dans la plus large acception du mot.

En conséquence, l'entrepreneur sera tenu pour et moyennant le prix d'adjudication, d'exécuter à ses frais, risques et périls, de livrer et de garantir tous les travaux qui en font l'objet.

ARTICLE 2. Les soumissionnaires devront indiquer le ou les systèmes qu'ils se proposeraient de suivre dans l'exécution des travaux, ainsi que la nature et la provenance des matériaux à mettre en œuvre, en complétant ces indications par les plans, profils, dessins et renseignements nécessaires, pour que l'administration puisse apprécier en pleine connaissance de cause le mérite des projets présentés.

Le soumissionnaire dont l'offre aura été admise, aura ensuite à soumettre à l'approbation du Ministre des Travaux publics tous les plans de détail nécessaires à l'exécution des travaux.

ARTICLE 3. L'entreprise a pour objet :

1° La construction d'un mur de quai, le long de la rive droite de l'Escaut à Anvers, et les travaux accessoires ;

2° Une digue de raccordement avec la rive droite ;

3° Les travaux de dragage à exécuter dans la partie de l'Escaut rétrécie par le mur de quai à construire, et les déblais et démolitions à faire dans la partie élargie ;

4° Les terrassements nécessaires pour remblayer les parties du fleuve incorporées à la rive droite et les canaux supprimés ;

5° La construction d'un bassin de batelage et de ses dépendances.

Article 4. § 1er. Le mur de quai sera en maçonnerie, son arête supérieure, vers l'Escaut, suivra l'un ou l'autre des tracés indiqués.

Cette arête supérieure se trouvera à la cote 6m50 en contre-haut du plan de comparaison du nivellement général du royaume, lequel correspond à la cote 3m23 de l'échelle entaillée dans le bajoyer nord de l'écluse maritime du Kattendyk. La marée basse ordinaire à Anvers est à la cote + 0m15.

§ 2. Le mur de quai s'étendra depuis le musoir nord du bassin d'échouage, à établir par la ville d'Anvers à 1,250 mètres environ en amont de l'angle le plus saillant du bastion Saint-Michel, jusqu'au musoir sud du chenal d'accès à l'écluse maritime du Kattendyk.

Il sera interrompu au droit des chenaux d'accès, aux anciens bassins de la ville et au bassin de batelage projeté.

Il sera raccordé avec les murs de revêtement de ces chenaux et avec le musoir nord du bassin d'échouage.

Les raccordements du mur avec les musoirs des chenaux des écluses du Kattendyk et des anciens bassins de la ville, sont indiqués approximativement sur le plan n° 1.

Les raccordements du mur de quai avec les murs de revêtement du chenal d'accès au bassin de batelage projeté, est indiqué au plan annexé au présent cahier des charges sous le n° 2.

§ 3. Les soumissionnaires décriront le système de mur qu'ils voudraient appliquer.

L'administration indique, à titre de simples renseignements, les deux systèmes de murs de quai représentés par les dessins annexés au présent cahier des charges sous le n° 3.

Les systèmes présentés devront réunir les conditions suivantes :

1° Les dimensions du mur devront être suffisantes pour résister à une surcharge de 6 tonnes par mètre carré de quai, déposées tant sur le mur que sur le terre-plein du quai ;

2° Le mur sera fondé sans interposition de charpente sur le sol résistant ;

3° La surface supérieure du massif des fondations se trouvera à 8 mètres sous le niveau de marée basse ordinaire à Anvers ; ce massif aura une épaisseur minimum de 2m50 pour toute la longueur du mur située à l'amont de l'entrée actuelle du canal des Brasseurs, et de 5 mètres pour toute la longueur du mur située à l'aval ; ces épaisseurs seront augmentées même en cours d'exécution, partout où cela sera nécessaire pour atteindre un terrain suffisamment résistant ;

4° Les parements seront en pierre de taille depuis le sommet jusqu'à 1 mètre en contre-bas du niveau de marée basse ordinaire à Anvers ;

5° Une tablette en pierre de taille couronnera le mur.

ARTICLE 5. Une digue en terre, convenablement défendue contre les corrosions du fleuve, raccordera le musoir sud du bassin d'échouage avec la rive droite du fleuve, à l'un des points marqués E au plan annexé *sub* n° 1.

ARTICLE 6. L'entrepreneur exécutera les dragages nécessaires pour mettre, à mesure de l'avancement des travaux, le lit de l'Escaut, et pour le maintenir pendant toute leur durée, à 2,500 mètres carrés de section devant l'ancienne citadelle du Sud, à 3,000 mètres carrés devant la ville.

ARTICLE 7. Partout où le mur de quai avancera sur la rive existante, un remblai sera exécuté depuis son parement intérieur jusqu'à cette rive.

ARTICLE 8. Les dispositions générales du bassin de batelage et de ses dépendances sont indiquées par les dessins annexés.

Il y aura :

1° Un bassin formé de trois parties, réunies par des chenaux; franchis chacun par un pont tournant ;

2° Une écluse d'accès à ce bassin avec deux ponts tournants ;

3° Un chenal d'accès de l'écluse à l'Escaut.

Les trois parties du bassin auront approximativement les dimensions indiquées à l'annexe n° 2.

Les chenaux qui relient les trois parties du bassin auront chacun une longueur de 20 mètres et une largeur de 10 mètres.

Ces chenaux et le bassin auront leur plafond à la cote 2 mètres sous le niveau de marée basse ordinaire.

Ils seront bordés de murs en maçonnerie.

Les murs des chenaux seront disposés de telle sorte que chacun puisse recevoir un pont mobile.

Ces ponts auront une voie charretière de 5^{m}25 de largeur et deux trottoirs de 1 mètre de largeur chacun.

L'écluse aura une longueur totale de 146 mètres dont 75 mètres pour le sas.

L'ouverture de l'écluse sera de 13 mètres et le sas aura une largeur de 25 mètres.

Le dessus des buscs de l'écluse se trouvera à la cote de 1^{m}70 sous le niveau de marée basse ordinaire, et le radier du sas à la cote de 2 mètres sous ce même niveau.

L'écluse sera bordée par des bajoyers qui se raccorderont convenablement aux murs du bassin et du chenal d'accès de l'écluse à l'Escaut.

Le radier de l'écluse sera en maçonnerie.

Il y aura trois portes formant en tout six vantaux, deux de flot et quatre d'ebbe.

Ces vantaux seront en tôle de fer sans roulettes d'appui.

Le sassement devra pouvoir être opéré à volonté par des larrons ménagés dans les bajoyers et par des ventelles disposées contre les vantaux.

La maçonnerie des bajoyers de l'écluse devra être établie de manière à y permettre l'installation des deux ponts tournants indiqués au plan. (*Annexe* n° 2.)

Ces deux ponts, destinés au roulage et au passage du chemin de fer, présenteront une largeur de 8^m50, y compris deux trottoirs de 1 mètre chacun.

Ces deux ponts, ainsi que ceux des chenaux du bassin, seront construits d'après les systèmes les plus perfectionnés.

Le plafond du chenal d'accès de l'écluse à l'Escaut se trouvera au moins à 2^m50 sous le niveau de marée basse ordinaire.

Il sera bordé de murs en maçonnerie qui se raccorderont convenablement avec le mur de quai de l'Escaut.

Les projets à proposer pour les murs des bassins, des chenaux et de l'écluse, devront réunir les conditions suivantes :

1° Leurs dimensions devront être suffisantes pour résister à une surcharge de six tonnes par mètre carré de quai, déposées tant sur le mur que sur le terre-plein du quai.

2° Le parement des murs du bassin sera en pierre de taille, depuis le sommet établi à la cote déjà indiquée de 6^m50 jusqu'à 2^m50 en contre-haut du niveau ordinaire de marée basse. Le parement des murs de l'écluse sera en pierre de taille sur toute sa hauteur.

3° Les murs seront couronnés par une tablette en pierre de taille.

Article 9. Indiquant l'origine et la qualité des matériaux.

Article 10. L'exécution des travaux se fera par parties, dans l'ordre suivant :

1° Digue de raccordement, section du mur de quai située entre le musoir nord du bassin d'échouage et le bastion Saint-Michel, bassin de batelage, ponts, écluse et chenal d'accès.

2° Section de mur située entre le bastion Saint-Michel et le Werf.

3° Section de mur comprise entre le musoir nord du chenal d'accès de l'Escaut aux anciens bassins de la ville et le musoir sud du chenal d'accès à l'écluse du Kattendyk.

4° Section de mur comprise entre le Werf et le musoir sud du chenal d'accès aux anciens bassins.

Chacune de ces quatre sections pourra être entamée sur plusieurs points à la fois ; mais une section ne pourra être commencée avant que celle qui la précède soit complétement achevée, si ce n'est avec l'approbation du gouvernement.

Article 11. L'entrepreneur sera tenu de commencer les travaux au plus tard six mois après l'approbation de sa soumission.

Il devra les avoir complétement terminés dans un délai de cinq ans et six mois à dater du même jour, à savoir : la première partie, endéans le terme de deux ans et six mois, et chacune des trois parties suivantes, endéans une année.

Pendant toute la durée de l'entreprise, l'avancement des travaux devra être proportionnel au temps écoulé.

A défaut d'exécution des ouvrages dans les délais fixés, l'entrepreneur subira, sur le prix d'adjudication, pour chaque jour de retard à partir de l'expiration desdits délais, une retenue de 1,000 francs par jour.

Enfin, un cautionnement provisoire de 500,000 francs était demandé ; il devait être, après l'approbation de la soumission, porté à 1,000,000 de fr.

L'entreprise constituait donc un forfait absolu, et les entrepreneurs devaient soumissionner suivant deux hypothèses : la première, suivant le tracé de 1870 ; la deuxième, suivant un tracé passant plus avant dans le fleuve, afin de diminuer les dépenses d'expropriation.

Sur ces bases, le gouvernement reçut, le 31 mars 1876, des offres variant entre 40 et 76 millions.

Il y avait des écarts énormes qui provenaient surtout de la façon d'apprécier la profondeur à laquelle devaient être descendues les fondations. Les chances à courir étaient trop grandes et devaient nécessairement produire ces différences de prix.

Ces offres ne répondant pas à l'attente du gouvernement, celui-ci résolut alors d'avoir recours à une nouvelle adjudication, en modifiant les bases du marché par l'introduction d'une clause additionnelle écartant ce que la fondation pouvait avoir d'aléatoire, en réglant à l'avance les différences à payer pour le cas d'augmentation ou de diminution possible dans la profondeur de ces fondations ; dès lors, l'entreprise put être calculée avec plus d'exactitude.

La nouvelle adjudication eut lieu le 22 janvier 1877.

Le tracé de la commission de 1870 fut seul maintenu ; les entrepreneurs pouvaient soumissionner suivant deux hypothèses :

1° Exécution à forfait absolu, sans aucune augmentation pour travaux à exécuter en contre-bas des cotes minima de 10^{m}50 et 13 mètres sous marée basse.

2° Forfait relatif. Le travail est à forfait jusqu'aux cotes minima de 10^{m}50 et 13 mètres ; il est, en plus, tenu compte à l'entrepreneur de la quantité d'ouvrage qu'il devra éventuellement exécuter pour descendre les fondations du mur de quai jusqu'au terrain suffisamment résistant en dessous des profondeurs minima ci-dessus.

Les soumissionnaires devaient en outre donner un prix pour remblai derrière le mur, avec ou sans briquaillons.

Enfin, le délai d'achèvement était prolongé d'un an, c'est-à-dire porté à six ans et sept mois, dont trois ans et sept mois pour la première section ; le délai n'était pas changé pour les autres sections.

Le résultat de l'adjudication fut le suivant :

SOUMISSIONNAIRES.	1re HYPOTHÈSE forfait absolu.		2e HYPOTHÈSE forfait relatif.		PROJETS.
	sans briquaill.	avec briquaill.	sans briquaill.	avec briquaill.	
Société des Batignolles	41,251,000	43,800,000	39,485,000	42,600,000	Mur à arcades.
à Paris.............	48,460,000	52,700,000	45,530,000	45,725,000	Mur continu caissons.
Dollot, Dechaux, Robert et Soc. de Fives-Lille.	41,800,000	43,900,000	40,000,000	42,100,000	Mur continu sans caisson.
Couvreux et Hersent...	—	—	38,275,125	39,153,325	Mur continu sur caisson.

Le gouvernement, par l'intermédiaire de sa commission, se prononça pour l'adoption des soumissions à forfait relatif, préférant ainsi se charger lui-même de ce qu'il y avait d'aléatoire, et il accepta la soumission Couvreux et Hersent.

Les faits viennent aujourd'hui lui donner raison ; car si l'on compare le prix que coûteront les travaux, y compris ceux supplémentaires que l'on peut prévoir dès maintenant comme devant coûter environ deux millions, ajoutés aux 38 millions de la soumission de MM. Couvreux et Hersent acceptée, avec celle de la Société des Batignolles, qui semblait avoir le plus de chances de succès, qui s'élevait à 48,460,000 francs, on voit que le gouvernement a réalisé un bénéfice de huit millions. Ce chiffre justifie amplement le rejet des premières soumissions et la deuxième mise en adjudication des travaux.

DESCRIPTION

des projets présentés à l'appui de la soumission et en
cours d'exécution

1° **MUR DE QUAI** (PLANCHE 2).

Le mur de quai continu de l'Escaut, construit tout en briques de Boom,
avec un revêtement en moellons piqués depuis 1 mètre au-dessous des
basses mers jusqu'au couronnement, formé par une tablette en pierre de
taille de Soignies, dite *petit granit*, a, au-dessus de la fondation, 7 mètres
de largeur ; la face vers l'Escaut a un fruit de 1/10 sur 5^{m}85 de hauteur,
et le reste de la hauteur n'a que 1/20 de fruit. Le dessus de la fondation est
à 8 mètres au-dessous de la basse mer, et le couronnement à 6^{m}35 au-dessus
de cette cote ; la hauteur totale est ainsi de 14^{m}35 et le fruit de 1^{m}01.

Le parement arrière est vertical jusqu'au niveau de marée basse. Pour
la partie de mur au-dessus de ce niveau, deux dispositions étaient en pré-
sence, comportant le même cube total de maçonneries ; d'abord, la forme
à redans, et ensuite celle d'une série de voûtes en plein cintre accolées,
s'appuyant sur des piédroits communs de 1^{m}50 d'épaisseur, de manière que
l'un des plans de tête de ces voûtes fût dans le parement vertical de l'arrière du mur, et l'autre à 4 mètres de distance du premier, l'ouverture de
ces voûtes étant bouchée à l'avant par un mur de masque de plus de
2 mètres d'épaisseur ; l'entraxe des piédroits aurait été de 6 mètres, l'épaisseur des voûtes de 1 mètre, et le sommet de l'extrados aurait été à 0^{m}35
au-dessous.

Ce profil a été abandonné par suite des craintes que l'on avait de voir le
mortier des piliers emporté par les oscillations de la marée et par les
vagues pendant les mauvais temps.

Le profil à redans de 2 mètres de hauteur, au nombre de trois, est celui
que l'on exécute.

La fondation a uniformément 9 mètres de largeur et fait saillie de 1ᵐ50, vers l'Escaut, sur la face du mur; sa hauteur minimum, pour une partie, est de 2ᵐ50, et, pour l'autre, de 5 mètres; c'est pour ces hauteurs que les appréciations de dépenses ont été calculées, et c'est sur la différence qui pourra être jugée nécessaire pendant l'exécution que repose l'aléa de la dépense.

Les calculs de stabilité du mur ont donné comme résistance, au renversement, un coefficient de 4.912
au glissement 3.906
le remblai étant supposé peser 1,500 kil. le mètre et se tenir sous un angle de 45°.

La maçonnerie est comptée à raison de 1,800 kil.; la contre-pression exercée par l'eau à l'avant du mur n'est pas considérée dans le calcul. Enfin, une surcharge de 6,000 kil. est supposée appliquée aussi bien sur le mur que sur le remblai.

Le mur, fondé à 10ᵐ50 sous marée basse, comporte un cube de 97ᵐ25; son épaisseur moyenne est les 43 p. c. de la hauteur.

Enfin, son prix est de 7,700 francs par mètre courant, ce qui fait que le prix du mètre cube des maçonneries coûte fr. 79-17.

Dans la longueur des quais, on doit faire trois enclaves rectangulaires pour loger des pontons flottants construits en tôle, ayant pour but de fournir une communication permanente avec l'Escaut.

Les murs de ces enclaves auront la même section que les murs de quai.

2° BASSIN DE BATELAGE

Ce bassin est creusé à 2 mètres au-dessous du niveau de marée basse et le couronnement des murs de quai est élevé à 6ᵐ35 au-dessus de ce même niveau. Il est divisé en trois parties; celle du milieu a 266ᵐ50 de longueur sur 65 mètres de largeur; les deux parties extrêmes ont respectivement 246 mètres et 225 mètres sur 50 mètres de largeur. Les passes de communication de l'une à l'autre ont 20 mètres de longueur et 10 mètres de largeur; sur ces passages sont construits deux ponts tournants qui établissent la communication entre les deux côtés du bassin.

Les murs reposent, au niveau du fond des bassins, sur une couche de beton de 1 mètre d'épaisseur et 5 mètres de largeur, encaissée entre deux files de pieux et palplanches; le parement a un fruit de 1ᵐ10 et la face arrière est formée de quatre redans de 2 mètres de hauteur et de 0ᵐ50 de largeur, la hauteur est de 8ᵐ35 jusqu'au-dessus, y compris le couronnement qui est en pierre dite petit granit; le parement, sur 3ᵐ50 de hauteur, est maçonné en moellons piqués et le reste de la maçonnerie est en briques.

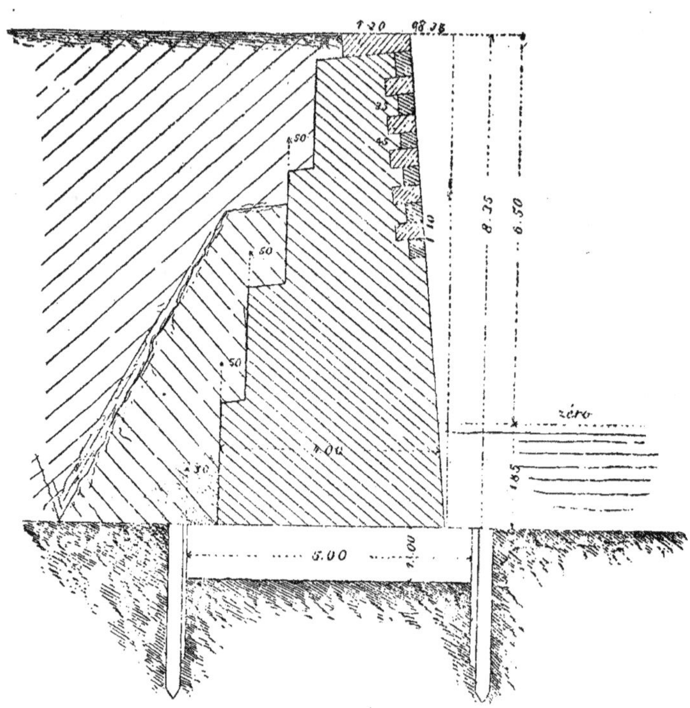

Le cube des maçonneries entrant dans ce mur au-dessus de sa fondation est d'environ 24 mètres cubes par mètre courant, compris les contreforts.

L'épaisseur moyenne est de 2m874, représentant environ les 34 p. c. de la hauteur.

Les coefficients de stabilité sont pour la résistance au renversement de 3,75

Au glissement de 3,32

3° DIGUE DE RACCORDEMENT

Cette digue, construite dans le prolongement du mur de quai, est destinée à relier et à raccorder la nouvelle rive avec l'ancienne.

Le profil adopté pour la partie dont le sol se trouvait au-dessus de marée basse est celui indiqué ci-dessous :

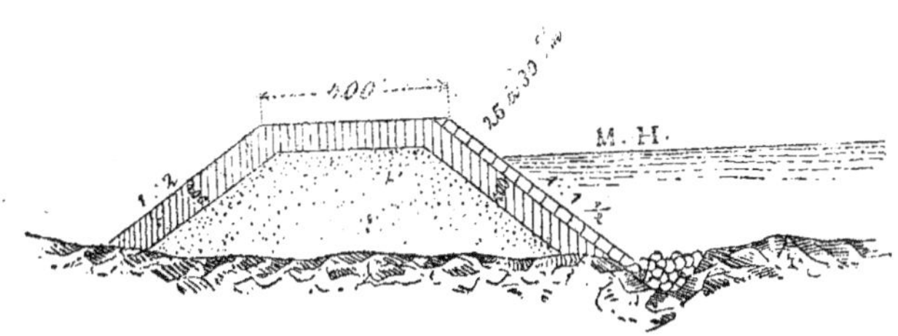

Le noyau est en sable, il est entouré d'une couche de terre de schorre d'un mètre d'épaisseur, cette dernière est elle-même recouverte du côté du fleuve d'un perré de 25 à 30 centimètres d'épaisseur en moellons de la Meuse ; son pied s'enfonce dans un enrochement en briquaillons placé dans une cunette creusée dans le sol en prolongement du talus ; cet enrochement sert d'appui et de protection au perré.

Le profil adopté pour la partie où le sol est au-dessous de marée basse est le suivant :

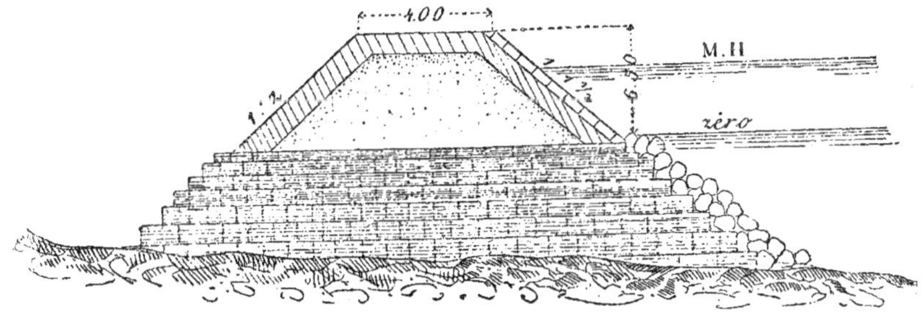

La base est formée de plates-formes en fascines posées successivement les unes au-dessus des autres, en se rétrécissant de façon à former le talus.

Un enrochement de 1 mètre d'épaisseur protége la digue depuis marée basse jusqu'au fond contre les courants. La partie supérieure est construite de la même façon que pour la première partie.

4° ÉCLUSE (planche 3)

L'écluse de communication entre le bassin de batelage et l'Escaut est composée de trois parties différentes qui constituent en quelque sorte les ouvrages spéciaux suivants :

A. La chambre des portes d'amont, avec son seuil arrasé à 0^{m}30 en contrehaut du fond du bassin, sert de support et d'appui à une paire de portes de retenue ; elle a une largeur libre de 13 mètres ; au-dessus des bajoyers est installé un pont tournant pour voitures et voies ferrées. Toute cette construction repose sur une fondation de 2^{m}50 d'épaisseur en beton encaissé entre quatre files de pieux et palplanches. Le radier a 2^{m}80 d'épaisseur et peut, par son poids seul, équilibrer la sous-pression qu'établirait l'eau à sa cote ordinaire dans le bassin, l'écluse étant vide.

B. Le sas de l'écluse, qui a 75 mètres de longueur et 25 mètres de largeur, a un radier général en beton de 1 mètre d'épaisseur pour éviter le déplacement des sables de fond ; il est bordé de murs de quai semblables à ceux qui entourent le bassin, avec cette différence que le parement est ici entièrement en pierre de taille.

C. La chambre des portes d'aval contient deux paires de portes, portes de flot et portes d'ebe, son radier est, comme celui de la chambre d'amont, à 2 mètres au-dessous de marée basse et ses bajoyers portent un pont tournant pour voitures et voies ferrées. Cet ouvrage étant à construire entièrement dans le fleuve, a été projeté pour être construit sur caisson métallique.

Le dessous du radier a la cote 6^{m}65 sous zéro et le dessus a 2 mètres, soit une épaisseur de 4^{m}65, bien plus que suffisante pour résister aux souspressions des plus hautes marées, le sas supposé vide.

Un chenal de 50 mètres de longueur et largeur, donne accès de l'Escaut à l'écluse et permet le stationnement en dehors du courant aux bateaux entrants et sortants. Ce chenal est bordé de murs de quai de même profil que ceux de l'Escaut.

IMPORTANCE DES TRAVAUX ENTREPRIS

Pour faire ressortir l'importance des travaux entrepris, il a paru utile de réunir les quelques chiffres ci-après :

Dépenses évaluées	38,275,225 fr.
Fers et tôles pour caissons, pontons, ponts et portes .	12,000,000 kil.
Maçonnerie de briques ou de beton	375,000^m ³.
” pierre de taille	25,000^m ³.
Terrassements, dragages pour fouilles, remblais, etc. .	2,500,000^m °.

Ces travaux, comme nous l'avons déjà dit, sont divisés en quatre sections :

La première, qui doit être achevée en trois ans et sept mois, comporte :

1° La construction du bassin de batelage, de son écluse et de son chenal d'accès ;

2° L'exécution de 1,250 mètres de murs de quai à l'Escaut et du remblai des parties à gagner sur le fleuve ;

3° L'établissement de la digue de raccordement de 650 mètres de longueur environ.

Chacune des autres sections relatives à l'achèvement des murs de quai doit être faite dans l'espace d'une année.

La deuxième section va depuis le bastion Saint-Michel jusqu'au Werf.

La troisième section est comprise entre le musoir nord de l'écluse des anciens bassins et le chenal d'accès de l'écluse du Kattendyk.

La quatrième section commence au Werf et finit au musoir sud de l'écluse des anciens bassins.

EXÉCUTION DES TRAVAUX MOYENS MIS EN ŒUVRE

—

Les travaux actuellement en exécution sont ceux de la première section ; ils seront terminés cette année et sont suffisamment avancés pour qu'on puisse en faire la description détaillée, qui présente quelque intérêt au point de vue des moyens d'exécution.

Le premier travail fait a été celui de l'organisation des chantiers, la construction d'ateliers pour la réparation et la construction des machines, comportant forges, chaudronnerie, ajustage, charpente, etc., les moyens d'accès, aussi bien par eau que par chemin de fer et par voiture, ont été installés en même temps. Une quinzaine de kilomètres de voies ferrées permettent l'accès, sur tous les points des travaux, aux locomotives et wagons de matériaux, avec raccord aux voies de l'État à la station du sud d'Anvers.

Six estacades en bois s'avançant de 50 à 75 mètres dans le fleuve, permettant l'accostage, à toute heure de marée, des bateaux chargés ou à charger de matériaux et pouvant supporter le passage des locomotives, wagons et grues pour le déchargement et le chargement, ont été construites.

Les hangars pour la fabrication des mortiers, le dépôt et l'extinction de la chaux, ont été répartis sur différents points pour le service des maçonneries.

Pendant le même temps, les projets définitifs étaient élaborés, présentés à la signature du ministre des travaux publics et finalement acceptés.

Le travail proprement dit fut alors commencé. Le premier en date est celui du bassin de batelage.

BASSIN DE BATELAGE

Le bassin de batelage est divisé en trois parties, ayant une superficie :

        La première . . . 12,300 mètres.
        La seconde . . . 17,322 „
        La troisième . . . 11,275 „

           Soit . . . . 40,897 mètres de superficie totale.

Le développement des murs de quai est d'environ 1,800 mètres courants.

Ce bassin est aujourd'hui à peu près terminé; sa construction comportait :

1° Déblai, environ . . . . 560,000^m ^{3}
2° Bois pour pieux, palplanches et chapeaux . . . . . 1,200 „
3° Béton . . . . 10,000 „
4° Maçonnerie de briques . . . . 40,500 „
5° Maçonnerie de moellons piqués . . . . 2,600 „
6° Maçonnerie de pierres de taille . . . . 1,000 „

Il est construit à la place où se trouvait l'ancienne citadelle du Sud; son entrée est à l'emplacement de l'écluse de la porte de fer qui servait à alimenter les fossés de la citadelle, et c'est à l'abri d'un batardeau en terre construit en travers du chenal de cette écluse que la fouille du bassin a été faite. Ce batardeau, qui a dû par moments résister à une charge de 8 mètres de hauteur d'eau, c'est très-bien comporté.

L'exécution des déblais n'a pas présenté de difficultés. Plusieurs moyens ont été mis en œuvre : la brouette traditionnelle, les wagons et locomotives, les petits wagonnets et voies Decauville, remorqués sur plans inclinés ou élevés par des grues, ont servi à faire ces déblais.

Deux pompes centrifuges, débitant chacune 6,000 litres à la minute, ont suffi pour les épuisements.

Le battage des pieux et palplanches du coffrage du mur a d'abord été exécuté par sonnettes à vapeur montées sur des chariots qu'on faisait avancer au fur et à mesure de la marche du travail, en aidant le battage avec injection d'eau, puis ensuite simplement par injection. Cette dernière méthode, que nous avons employée avec succès, mérite une mention spéciale :

Le sol étant exclusivement composé de sable fin très-résistant quand il est sec, mais boulant lorsqu'il est mélangé d'eau, peut être facilement désagrégé par de l'eau envoyée sous pression; aussi est-il facile de le creuser avec une lance analogue à celle d'une pompe à incendie. On a installé à 8 mètres de hauteur au-dessus du niveau du fond de la fouille, des réservoirs d'eau alimentés par les pompes d'épuisement; une prise sur ce réservoir conduisait, par un tuyau flexible, l'eau jusqu'à une lance métallique d'environ 2 mètres de longueur, au moyen de laquelle on faisait un trou dans le sol à la place du pieu à enfoncer. Quand ce trou était déjà creusé de près de 2 mètres, on mettait en place le pieu, on appuyait dessus tout en continuant d'injecter de l'eau avec la lance, qu'on laissait s'enfoncer en même temps que lui; avec un faible effort, qui provenait moins de la résistance du sol que de la force ascensionnelle agissant sur le pieu plongé dans l'eau, on arrivait à l'enfoncer jusqu'au bout; à ce moment on retirait la lance et le sable se resserrait autour du pieu aussitôt que l'on cessait d'injecter. Pour les palplanches, on opérait de même; il n'y avait pas de difficulté à mettre les languettes dans les rainures, et les bois n'étaient pas du tout détériorés, comme il arrive par le choc du mouton; de plus, les lignes étaient sensiblement mieux observées; enfin, le moyen est rapide et économique.

La tenue des pieux fichés par ce procédé, est absolument égale à celle des pieux battus : l'expérience en a été faite par des arrachages.

Les pieux, espacés de 3 mètres, étaient réunis par un chapeau et les palplanches étaient clouées contre la face intérieure de ce dernier.

La fouille de 1 mètre entre les deux files de palplanches, était faite à la main avant le coulage du brton.

La fabrication du beton a été faite avec betonnières à plans inclinés, montées sur chariots roulant sur les deux lignes de chapeaux des pieux ; les mélanges opérés sur la plate-forme supérieure du chariot, étaient achevés par le passage sur les plans inclinés successifs; à la sortie des bétonnières, il ne restait qu'à le répartir et à le pilonner.

Au-dessus du béton, et quand la prise a été assurée, on a commencé la construction du mur en briques, en ayant soin d'enduire de mortier la face arrière pour éviter les filtrations d'eau. En outre, en faisant le remblai, on a mis contre les maçonneries une couche de terre de schorre (argile d'alluvion), pour isoler le mur de quai du remblai en sable qui se fait en arrière

Le service d'approvisionnement des matériaux, mortiers, pierres cassées, briquaillons, briques, s'est fait à l'aide du matériel Decauville, à voies de 0^m40 et wagons de 250.

Les mortiers ont été faits à l'aide de broyeurs mécaniques à cuve tournante; la chaux, le sable et le traas en morceaux étaient broyés et mélangés par ces machines.

ÉCLUSE (PLANCHES 3 ET 4)

Ce travail est aujourd'hui terminé, il se trouve à l'emplacement du chenal de l'ancienne écluse servant à l'alimentation des fossés de la citadelle du Sud.

Comme l'indique le croquis ci-dessous, le sas et la tête aval surtout,

étaient à construire en plein Escaut, par des profondeurs variant de 0 à
6 mètres sous marée basse.

Cette disposition et la nature du terrain ont conduit à diviser et à construire l'écluse en trois parties différentes, dans l'ordre suivant :

1° Tête amont;

Elle a été construite à l'abri du batardeau AB, en même temps que les
bassins; les pieux et les palplanches ont été, comme au bassin, enfoncés
par injection d'eau jusqu'à 4 mètres de profondeur; le béton fabriqué et
posé de la même façon.

2° Tête aval. (*Planche* 4.)

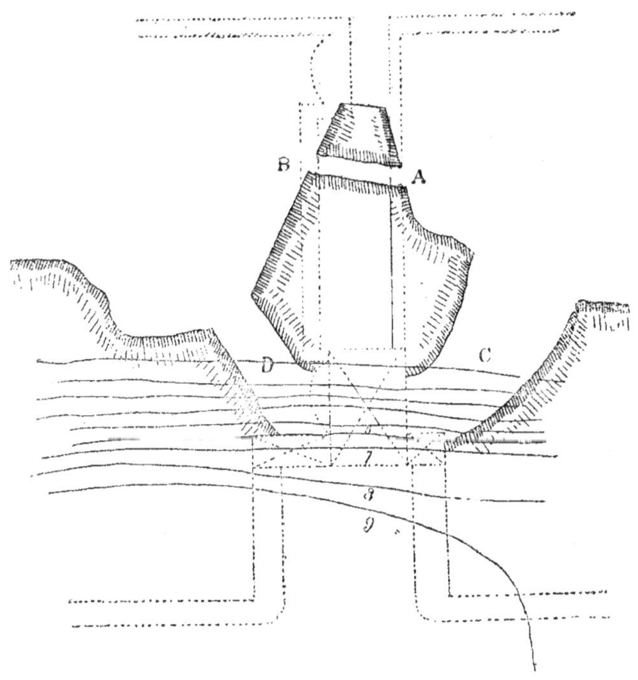

Cet ouvrage étant construit en partie dans l'Escaut, a donné lieu à des
dispositions spéciales très-importantes : au lieu de construire un batardeau
pour l'exécution de cette tête, ce à quoi il ne fallait pas songer à cause du
courant et de la charge d'eau à soutenir, au maximum 14 mètres et au
minimum 9 mètres, on a fait avec l'ouvrage entier, une partie du

batardeau devant servir à isoler de l'Escaut tout ce qui était à construire
en arrière. Dans ce but, on a construit toute cette tête sur un caisson
métallique foncé à l'air comprimé, et le raccordement des batardeaux en
terre C et D avec le remblai situé en arrière, a complété l'ensemble.

Ce caisson a été descendu jusqu'à 6^{m}50 au-dessous de marée basse, pour
reposer sur un sol formé de sable vert homogène, reconnu solide pendant le travail de fonçage des deux caissons sur lesquels reposent
les murs en retour de la tête faits précédemment. On a d'abord dragué
l'emplacement assez uniformément pour que le caisson y portât bien
également.

Ce caisson avait en plan la dimension de la fondation de l'écluse, 40 mètres
de longueur sur 23 de largeur (920 mètres de surface). Il a été construit
d'après les mêmes principes que les immenses caissons pour le bassin de
radoub de Toulon, imaginés par M. Hersent. La partie supérieure, de
11 mètres de hauteur, est une caisse unique destinée à contenir toute la
maçonnerie de l'écluse. La partie inférieure est divisée en 5 compartiments
ou chambres de travail, indépendants de 8 mètres $\times$ 23 mètres sur 2 mètres
de hauteur, destinés à l'emploi de l'air comprimé pour le dressement du
sol et le nettoyage ; ils ont été ensuite remplis de béton pour former le
radier général ; à chacun d'eux correspondait une cheminée pour la
descente des ouvriers, et deux autres, plus petites, pour le passage du
béton.

Ce caisson, construit en tôle et cornières, a en tout 13 mètres de hauteur et pèse 400 tonnes ; il comporte des poutres longitudinales et transver-
sales, qui raidissent le plafond de séparation des parties inférieure et
supérieure ; les tôles des grandes parois longitudinales, qui avaient, pendant le travail, un appui continu sur la maçonnerie, étaient minces (4 millimètres) ; celles des deux bouts, qui servaient de batardeau, étaient plus
fortes (7 millimètres) ; elles étaient maintenues par des poutrelles de bois
verticales qui reposaient par le bas contre la maçonnerie, et au-dessus sur
une forte poutre en fer étayée qui donnait la résistance utile contre la
pression de l'eau. Dans le but de faciliter la mise à flot du caisson, on l'a
construit dans une enceinte faite pour cela près de l'Escaut, à un niveau
tel, qu'en y faisant entrer l'eau de la marée, le caisson flotta ; après l'enlèvement d'un côté de l'enceinte, on a pu l'amener en place à flot, ce qui n'a
pas été sans difficultés. Cet immense bateau de 12,000 mètres cubes, parti
de son bassin près des ateliers de construction des caissons au moment de
l'étale de marée haute, n'a pu arriver qu'une heure après devant sa position. Le courant avait déjà pris une certaine force et il fut impossible de
l'entrer, car il commença à toucher, et l'on dût le laisser échouer sur un
terrain nullement préparé pour le recevoir ; il en est résulté un gauchissement assez considérable, qui a disparu aussitôt qu'il a été de nouveau à
flot ; sa construction n'a pas paru en avoir souffert. A la marée haute suivante il était en place.

On a alors commencé la pose du béton sur le plafond très-régulièrement, afin de garantir celui-ci contre la sous-pression et de soulager les poutres en les encastrant ; puis on a élevé les maçonneries des bajoyers le long des parois longitudinales, jusqu'à ce que le caisson touchât le fond et ne se relevât plus à marée haute. A ce point, les maçonneries de briques du radier étaient à hauteur pour recevoir la pierre de taille, seulement au droit des poutres principales, et ce dans le but de les consolider et de ne leur permettre aucune flexion, tandis qu'il restait encore des cases à remplir en maçonnerie entre ces poutres.

On a laissé entrer l'eau dans la partie supérieure après avoir mis le caisson exactement en place ; puis on a commencé à souffler de l'air comprimé dans les chambres de travail, pour faire le nettoyage et le dressement du fond ; car pendant la construction des maçonneries de lestage, un des angles de la fouille avait été creusé, et celui opposé avait été relevé par l'effet des courants. Bien qu'on ait constaté, au moment de l'échouage, un certain gauchissement, ni le caisson, ni les maçonneries faites n'ont subi aucune détérioration. Le déblai a été expulsé par les mêmes appareils que ceux dont nous parlerons dans la description du caisson de mur de quai ; cette opération faite on a rempli entièrement de béton les chambres de travail.

Les batardeaux C et D étant faits, on a démonté la paroi en fer du côté de l'amont on a fermé les vannes pratiquées dans la paroi extérieure, et toute communication avec l'Escaut étant interrompue, on a épuisé à l'intérieur des maçonneries et l'on a terminé les parements en pierre de taille du radier et des bajoyers à l'abri de ce batardeau.

3° Sas.

Profitant de l'épuisement fait pour la tête aval de l'écluse, on a fait la fouille, battu la file de pieux et palplanches, puis posé le béton et commencé la construction des murs du sas jusqu'à la rencontre du batardeau $A B$.

Lorsque le pont tournant établi sur la tête amont a été monté, on a immédiatement posé la voie d'accès aux divers points du chantier sur ce pont et l'on a enlevé le batardeau, ce qui a permis d'achever les murs du sas en les raccordant avec ceux de la tête amont.

Les trois paires de portes ont été, pendant ce temps, construites et montées à l'abri du batardeau formé par la paroi du caisson de la tête aval et des remblais raccordant ce caisson au terrain primitif.

Il est entré dans la construction de cette écluse :

Béton . . . . 8,000 mèt3.
Maçonnerie de briques. 10,000   "
Maçonnerie de moellons, piqués et pierre de taille . . . 2,500   "
Fers pour caisson, ponts et portes . . . . 800 tonnes

Commencée le 1ᵉʳ septembre 1878, elle a été achevée le 1ᵉʳ avril 1880, en 13 mois de travail effectif.

MURS DE QUAI DE L'ESCAUT

La construction d'un mur de quai continu, reposant sur une fondation de 9 mètres de largeur, arasée à 8 mètres au-dessous de basse marée et d'une épaisseur variant entre 2^m50 et 5 mètres et quelquefois plus, dans des profondeurs d'eau de 8 à 12 mètres à marée basse et de 14 à 18 mètres sous marée haute, est un travail considérable et tout nouveau; il faut ajouter à ces conditions que le travail est à faire dans un fleuve ayant un fort courant, jusqu'à 1^m90 par seconde, et soumis à des marées de 4, 5 et 6 mètres.

Pour son exécution, il fut décidé d'employer, comme MM. Castor et Hersent l'avaient déjà fait aux quais de Bône et de Brest, mais en combinant de nouveaux moyens d'exécution pour le cas des murs de l'Escaut, des caissons métalliques à foncer à l'air comprimé.

La longueur du quai fut divisée en tronçons de 25 mètres, à poser l'un au bout de l'autre pour la fondation.

Il ne sera pas sans intérêt d'examiner les procédés employés précédemment pour fonder par ce moyen des piles de pont ou autres ouvrages.

On construit certaines piles de pont en bâtissant autour de l'emplacement qu'elles doivent occuper un solide échafaudage de pieux, sur lequel on attache les chaînes soutenant le caisson au-dessus du sol, jusqu'au moment où la maçonnerie est assez élevée pour sortir de l'eau quand on le laisse toucher; la chambre de travail est alors surmontée de hausses fixes en tôle, dans l'intérieur desquelles on fait la maçonnerie ; ces hausses peuvent avoir une faible épaisseur sur toute la hauteur où elles prennent un appui direct sur la maçonnerie, mais on doit leur donner une épaisseur assez grande pour les parties qui ne sont pas ainsi directement soutenues ; de plus, afin de diminuer la charge portée par l'échafaudage, il faut laisser à l'intérieur des maçonneries des évidements d'autant plus grands que le terrain est à une profondeur plus grande. Dans les conditions où nous sommes placés, ce procédé aurait été peu applicable en raison de la grande profondeur de l'eau qui aurait nécessité des échafaudages fort élevés, et aussi en raison des marées qui n'auraient laissé que peu d'heures de travail par jour.

Ensuite, l'emploi de ces hausses fixes est très-coûteux; car, bien qu'on les retire en partie après le travail, elles sont toujours plus ou moins détériorées et elles n'auraient pu servir plusieurs fois de suite.

Dans d'autres cas, le caisson est soutenu avec des bateaux au lieu d'échafaudage fixe ; mais on reconnaît facilement, en étudiant la question, que si on ne compose les hausses que de tôles seules, on est forcé de réduire l'épaisseur des maçonneries de pourtour à des proportions très-faibles, pour ne pas faire porter aux bateaux un poids trop considérable.

Aucun des procédés employés jusqu'ici n'était applicable au cas présent sans frais énormes, et malgré cela avec beaucoup de chances d'accidents.

Il s'agissait donc de trouver un nouveau moyen donnant toute sécurité pour la vie des ouvriers, en assurant une rapide et bonne exécution.

On songea alors à surmonter le caisson proprement dit, c'est-à-dire la chambre de travail et son poutrage de plafond, d'une caisse en fer capable de soutenir seule la pression de l'eau sans être appuyée sur la maçonnerie, et laisser flotter l'ensemble du caisson et de cette hausse comme un bateau en le guidant entre des échafaudages, sans faire porter à ceux-ci de grandes charges en assurant la rigidité de cette caisse, qui fait l'office de batardeau, par sa construction même et par un système d'étançonnage très-résistant.

Partant de ce principe, les dispositions suivantes furent arrêtées: composer la fondation du mur de quai de caissons tous identiques de forme en plan, de manière à pouvoir y ajuster successivement ce même batardeau mobile qui est enlevé à la fin du fonçage de chacun d'eux entièrement intact.

Au-dessus de la fondation proprement dite, c'est-à-dire depuis marée basse jusqu'à 8 mètres au-dessous, construire le mur à l'air libre, à l'intérieur du batardeau, qui descend en même temps que le caisson. Après l'exécution du tronçon de mur, le batardeau est détaché du caisson et enlevé pour servir de nouveau sur un autre. De cette façon, la maçonnerie faite pendant et après la mise en place de la fondation, a son parement bien aligné du bas jusqu'en haut, mais il reste au-dessus de la fondation un intervalle d'un peu plus de 1.00 mètre, entre deux tronçons successifs, à cause de l'épaisseur occupée par les galeries d'assemblage du batardeau. Cet intervalle est rempli ensuite de béton coulé dans l'eau entre deux panneaux en bois. Au-dessus de marée basse la maçonnerie du mur est absolument continue. Ainsi, la seule partie du travail faite dans l'air comprimé, est le déblai du terrain pour la fondation et le remplissage en béton de la chambre de travail sur une hauteur de 1^{m}90, qu'on ne saurait pas faire aussi bien autrement; enfin, on ne laisse au fond de l'eau que la plus petite quantité de métal possible, c'est celle qui enveloppe la maçonnerie de fondation et qui est encastrée dans le sol.

Pour la fondation d'un tronçon de mur, il y a trois parties bien distinctes :

1° Le caisson ;

2° Le batardeau ;

3° L'échafaudage flottant.

CAISSONS

Les caissons forment la partie métallique perdue. Ils ont tous la même longueur, 25 mètres, et la même largeur, 9 mètres ; mais ils diffèrent de hauteur, laquelle varie de 2^{m}60 à 6 mètres, suivant les points du fleuve où les caissons sont à placer.

Ces caissons sont, dans le sens de la hauteur, divisés en deux parties. La partie inférieure, ou chambre de travail, a 1^{m}90 de hauteur ; la paroi est maintenue par des consoles placées de mètre en mètre en même temps qu'elles soutiennent le plafond, lequel est rendu rigide par un poutrage supérieur placé au droit des consoles. Ce poutrage sert à soutenir le mur que l'on construit sur le plafond, il a à résister par moments à des charges considérables. Le bord supérieur du caisson est garni tout autour d'une plate-bande, renforcée par un fer cornière, dans laquelle sont percés les 360 trous qui doivent servir à l'assemblage du caisson avec le batardeau.

Enfin le plafond est percé de 7 trous : un grand, le central, pour l'entrée des ouvriers dans la chambre de travail, quatre plus petits pour l'introduction du béton, et deux encore plus petits servant au refoulement des déblais.

MM. Eug. Rolin et Ce, de Braine-le-Comte, et la Société de Willebroeck (M. Valentin, administrateur) sont chargés de la construction de ces caissons.

BATARDEAU MOBILE

Le batardeau est en fer, il a la forme d'une grande caisse. A sa base il a comme dimensions extérieures 25 mètres sur 9 mètres, de façon à pouvoir s'appliquer exactement sur les caissons ; il a intérieurement 24 mètres sur 8, il reste donc un espace de 0^{m}50 sur le pourtour entre la paroi extérieure et intérieure. Cet espace est occupé par une galerie qui a 1^{m}50 de hauteur et que nous appelerons galerie ou chambre d'assemblage, car c'est dans cette chambre que se fait le boulonnage et le déboulonnage du caisson avec le batardeau.

Cette galerie est complétement étanche, son sol est percé de 360 trous, à des distances correspondant à celles des caissons. On accède à cette chambre par quatre cheminées à sas, partant du dessus du batardeau ; l'intérieur de la galerie est contreventé et rendu rigide par des cadres en fer T et cornières laissant un espace libre de 0^{m}35. Au droit des cheminées, des deux petits côtés et dans l'intérieur, sont placées, au niveau du sol de la galerie, des vannes pour l'introduction et l'expulsion de l'eau.

Du dessus du plafond de la galerie d'assemblage partent vingt-six grandes poutres verticales, formant avec les cheminées l'ossature du batardeau. A ces poutres est attaché le bordage en tôle qui a des épaisseurs variant de 12 à 6 millimètres. Ce bordage est encore raidi par des cadres placés horizontalement, à 0^{m}50 l'un de l'autre, entre les montants principaux. La partie supérieure du batardeau est entretoisée, parallèlement aux petits côtés, par douze grandes poutres croisillonnées, de 3 mètres de hauteur, et par deux autres de même hauteur dans le sens de la longueur. Le batardeau est donc rendu rigide, en bas par son attache avec le caisson et en haut par les poutres entretoisées. Il reste entre ces deux soutiens un espace libre de 9 mètres de hauteur, il est rendu rigide pendant le travail par des étrésillons mobiles placés à 1ᵐ50 l'un de l'autre, et que l'on enlève au fur et à mesure de l'avancement de la maçonnerie.

Deux bandes de caoutchouc, placées tout autour du batardeau et en dessous, servent à assurer l'étanchéité du joint compris entre le caisson et le batardeau.

Des portes à clapets sont percées dans les parois pour l'introduction des matériaux dans le batardeau.

Le poids de cet appareil, y compris le sas, les cheminées de descente et d'introduction du béton, les étrésillons, etc., est de près de 200 tonnes.

ÉCHAFAUDAGE FLOTTANT

L'échafaudage flottant sert à soulever le batardeau pour le mettre sur le caisson, pour le guider pendant la construction du mur, à transporter et à mettre en place le batardeau avec son mur quand il est suffisamment lourd pour l'échouer ; enfin, à relever le batardeau, quand le mur est terminé, jusqu'à 0ᵐ60 au-dessus de marée basse.

Cet échafaudage se compose de deux bateaux ou flotteurs, longs de 26 mètres, larges de 5ᵐ15 et espacés l'un de l'autre de 10 mètres. Six fermes de 12 mètres de hauteur les rendent solidaires l'un de l'autre ; les deux extrêmes sont entretoisées sur toute leur hauteur, tandis que les quatre du milieu sont complètement libres, pour permettre la montée et la descente du batardeau mobile. Cette opération se fait à l'aide de douze palans à cinq brins chacun, dont l'attache supérieure se trouve à l'extrémité de chaque ferme, soit par bateau six palans, dont les garants s'enroulent sur douze treuils à noix.

Ces douze treuils placés par moitié sur chaque bateau, sont commandés par une seule machine, par l'intermédiaire de deux arbres de transmission courant d'un bout à l'autre des bateaux. Le mouvement est transmis de l'arbre placé dans le bateau de droite à l'arbre du bateau de gauche par deux chaînes galle. L'ensemble forme donc un engrenage, et tous les treuils sont forcés de marcher en même temps et de la même quantité, afin que les 200 tonnes à lever le soient également par chaque palan, car si l'une des chaînes venait à porter plus que l'autre, elle casserait immédiatement. Malgré toutes ces précautions, il a encore été nécessaire, pour compenser les petites différences qu'ont toujours les chaînes les mieux calibrées, d'ajouter à l'extrémité supérieure de chaque palan un ressort à cinq disques, en caoutchouc, lequel régularise complètement la charge à porter par chaque palan. Le batardeau mobile à douze oreilles attaches correspondant à ces douze palans.

En outre de l'appareil de levage du batardeau, il y a sur l'échafaudage flottant toutes les machines et appareils nécessaires à la construction du mur et au fonçage d'un caisson.

Sur le bateau placé vers le fleuve, il y a une machine à vapeur de vingt-cinq chevaux, activant deux machines soufflantes, pouvant fournir chacune 300 mètres cubes d'air à l'heure; deux grues pour l'élévation et l'introduction dans le batardeau des briques, pierres cassées, moellons piqués, sont mues par la même machine. Sur celui placé vers terre, il y a la même machine que sur l'autre bateau, elle met en mouvement les broyeurs à mortier et les grues desservant ces broyeurs; sur ce bateau se trouve la pompe aspirante et foulante, servant à distribuer l'eau aux éjecteurs pour l'expulsion des déblais de la chambre de travail.

L'ensemble est maintenu sur l'eau à la place voulue par douze treuils, sur lesquels s'enroulent douze chaînes de 25 millimètres, attachées à douze ancres de 500 kilogrammes chacune.

Enfin, l'appareil est complété, pour le travail de nuit, par quatre foyers électriques Jablokhoff, recevant l'électricité des machines placées à terre près de l'écluse.

CONSTRUCTION D'UN TRONÇON DE MUR DE 25 MÈTRES

MARCHE DE L'OPÉRATION

L'échafaudage flottant supportant le batardeau mobile est amené à la place que doit occuper le mur; il est solidement amarré à l'aide des chaînes et ancres, de façon à ce que les vents et les courants ne puissent l'entraîner.

Le dessous du batardeau se trouve à 0^m70 environ au-dessus du niveau de l'eau; on amène, à l'aide de remorqueurs, le caisson du chantier de lançage et on l'introduit pendant l'étale de marée haute ou de marée basse sous le batardeau, on descend celui-ci dessus et on fait le boulonnage. On fixe également la cheminée du sas à air. Pour faciliter l'assemblage du caisson avec le batardeau, on souffle dans la chambre de travail, le caisson est alors pressé contre le batardeau et l'on serre les boulons à blocs; ceux-ci sont placés la tête en haut dans la galerie d'assemblage, l'écrou de forme spéciale se trouve dans le caisson et reste perdu après le déboulonnage.

Cette opération faite, on pose le béton sur le plafond du caisson jusqu'au niveau du dessus de ses poutres, ce qui forme le dessus de la fondation. On commence ensuite la construction du mur en allant plus vite vers les extrémités que dans le milieu, dans le but de faire supporter le moins de charge possible aux deux parois extrêmes qui, elles, ne sont pas étançonnées.

Lorsque les maçonneries arrivent au niveau d'une ligne d'étrésillons, on pose à l'avant du mur, lequel se trouve en retraite sur la fondation de 1^m50, un petit étrésillon pour tenir la paroi du batardeau, et l'on enlève le grand. Comme le centre de gravité du mur, à cause de sa forme, se trouve en dehors de l'axe du batardeau, on remplit de sable l'intervalle compris entre la paroi avant et le mur pour rétablir l'équilibre; ce sable et les évidements ménagés au droit des cheminées de betonnière suffisent pour maintenir l'ensemble dans la position verticale. On continue les maçonneries jusqu'à ce que le caisson touche terre à marée haute; il y a généralement à ce moment 3^m50 à 4 mètres de hauteur de mur construit; on le met alors en place définitive en se servant de la machine soufflante et des chaînes pour le soulager. Aussitôt qu'il est bien en ligne, ce que l'on observe à l'aide d'instruments placés à terre, et dans la direction à donner, on lâche la pression, on déroule les chaînes et cette masse de 1,500 mètres cubes s'échoue.

Les caissons, après l'échouage, prennent différentes positions plus ou moins critiques, par le fait de la nature et de la forme du fond. Ainsi, l'un s'incline dans le sens longitudinal, tandis qu'un autre se renverse du côté du fleuve. Jusqu'à ce jour, les caissons et les batardeaux se sont montrés assez solides pour résister aux efforts qui se produisent en suite de ces positions, il n'a jamais été observé la moindre déformation ou le moindre gauche dans le batardeau. Pour parer à ce désagrément, l'on avait songé aux premières opérations à draguer et à régulariser le fond, mais l'on s'est bien vite aperçu que cela était inutile, car à la marée suivante le sol avait repris sa forme primitive. Les courants transportent une très-grande quantité de sable sous le caisson dans la chambre de travail; lorsqu'elle est près du fond, l'eau est tranquille et le sable se dépose presque toujours de la même façon, il se forme un mamelon de 7 à 8 mètres de diamètre, dont l'axe est placée à peu près à 1^m50 de la paroi du caisson tournée vers la rive; on profite de la première marée basse pour descendre dans la chambre et régler au plus vite le terrain, pour ramener l'ensemble à la position verticale. On continue le travail des maçonneries jusqu'à ce que le caisson soit suffisamment chargé pour ne plus se relever à marée haute, quand l'on introduit l'air comprimé dans la chambre de travail pour faire le déblai des sables.

Ce déblai ne se fait plus comme anciennement à l'aide de chaînes à godets ou de treuils et bennes qui remontaient le déblai dans le sas à air, pour l'écluser et le rejeter ensuite au dehors. On se sert de l'eau pour l'expulsion des déblais, pas comme l'ont fait les Américains à la construction des piles du pont de Saint-Louis sur le Missisipi, avec la pompe à sable qui opérait par aspiration et par entraînement, comme le ferait un injecteur.

Le procédé employé, que nous avons essayé la première fois en 1875 à la fondation des piles des ponts du canal de Gand-Terneuzen et que nous employons sur une grande échelle aux travaux maritimes d'Anvers depuis 1877, consiste à délayer les déblais de la chambre de travail dans une caisse rectangulaire d'une contenance de 150 litres environ, avec de l'eau envoyée par une pompe placée extérieurement ; au fond de la caisse et sur le côte s'adapte un tuyau de 100 millimètres de diamètre, qui va déboucher extérieurement en passant à travers la paroi du caisson, en un point qui ne doit point être recouvert par le terrain. Deux hommes jettent avec la pelle les sables dans la caisse, l'eau arrivant par le tuyau du haut les délaye, et le tout est évacué en ouvrant un robinet placé sur le tuyau d'extraction. Un petit excès de pression dans la chambre suffit à faire ce travail. (Nous apprenons que les Américains viennent de nous imiter aux travaux du tunnel l'Hudson, qui doit réunir Jersey-City à New-York, où les déblais sont expulsés par le même procédé.)

Quand les déblais sont extraits et que le caisson est arrivé à profondeur, c'est-à-dire sur le sol très-résistant, ce qui arrive lorsqu'il pénètre de 2 à 3 mètres dans le sol, où l'on rencontre le sable vert coquillé très-dur, on procède alors à l'introduction du béton par les quatre cheminées spéciales affectées à ce travail ; on pousse le béton sous le plafond de façon à laisser le moins de vide possible en se retirant vers la cheminée centrale ; le remplissage en béton s'achève par cette dernière. Arrivé à ce point, on déboulonne cette cheminée pour pouvoir l'enlever avec le batardeau ; les cheminées de bétonnières étant à emboîtement, les points d'attache se trouvant sur le batardeau s'enlèvent sans aucun travail préparatoire.

Pendant le temps du fonçage, on a continué la construction des maçonneries à l'air libre dans l'intérieur du batardeau jusqu'au niveau du dessous de l'assise de moellons piqués, laquelle se trouve à 1 mètre en contre-bas de marée basse ; à ce moment, l'on revérifie la position du caisson ; s'il est bien en ligne, on pose la pierre ; si, au contraire, il y a une différence, on la rectifie en remettant le parement en ligne.

Les maçonneries terminées, le béton coulé, on se prépare à relever le batardeau. On ouvre d'abord les clapets et les vannes ménagées dans la paroi du batardeau du côté donnant sur la face du mur, afin de faire partir le sable et d'équilibrer l'intérieur avec l'extérieur, pour que les tôles ne frottent pas sur les maçonneries ; pendant le même temps, on ouvre les deux vannes de la galerie d'assemblage, on envoie de l'air comprimé dedans et l'eau est expulsée ; quatre hommes descendent alors par les cheminées dans cette galerie et en six heures opèrent le déboulonnage. Ce travail fini, on amarre les palans au batardeau et l'on procède à l'enlèvement : celui-ci se fait en une demi-heure ; on avance ensuite l'ensemble de 25 mètres, et l'opération est terminée. Dans la même marée, on peut remettre un nouveau caisson sous le batardeau.

Les premiers tronçons de mur construits l'ont été en trente-cinq à quarante jours ; dans ces derniers temps, le travail s'est fait assez régulièrement en vingt-cinq jours, ce qui fait qu'un mètre courant de quai est fondé par jour et par appareil.

ACHÈVEMENT DU MUR

Lorsque le batardeau abandonne son tronçon fondé, le dessus des maçonneries se trouve à 0m60 au-dessus de zéro ; mais il reste encore à remplir les évidements laissés par la cheminée d'accès et par celle des bétonnières, et à remplir le joint compris entre deux tronçons ; car il reste, au-dessus de la fondation, un espace d'un mètre représentant deux largeurs de galerie du batardeau. Quant aux deux caissons, ils sont très-près l'un de l'autre, et s'il y a un espace, il est rempli de sable ; le joint est donc à faire seulement au-dessus de la fondation sur 8 mètres de hauteur. A cet effet, on place deux panneaux en bois formés de planches et brides en fer, que l'on introduit dans les rainures laissées dans les maçonneries. On charge les panneaux avec des pierres pour les empêcher de se relever, et on remplit l'intervalle avec du béton coulé dans l'eau à l'aide de caisses s'ouvrant par le fond. Les rainures, au nombre de trois, sont construites pour faciliter la prise du béton en interrompant la partie droite des murs. Les évidements laissés par les cheminées sont remplis de béton par le même moyen. Le mur est ensuite construit en pierres et briques, sans solution de continuité, à sujétion de marée. Des bateaux sur lesquels sont montés des broyeurs à mortier, des grues facilitent ce travail.

DRAGAGES

Les dragages pour la mise à section du fleuve sont exécutés, pour le moment, par une seule drague ayant une machine de la force de soixante chevaux ; une autre petite machine, de la force de dix chevaux, active les treuils de relevage, d'avancement et de papillonage ; les godets de cette drague sont d'une contenance de 250 litres ; ce qu'il y a de particulier et de nouveau dans cette drague, c'est que la commande du tourteau du haut est faite par deux chaînes galle et que tous les engrenages à dents sont remplacés, aussi bien pour la mise en mouvement de la chaîne à godets que pour les treuils, par des roues à friction. Comme les efforts à faire par la machine pour le dragage sont quelquefois plus grands que les organes ne sont forts, surtout lorsque l'on rencontre des arbres, des navires coulés, etc., les engrenages glissent l'un sur l'autre et évitent ainsi le bris de l'une ou de l'autre des parties de la drague.

La machine est du système Compundt, à condensation par surface ; elle consomme un peu plus d'un kilo par heure et par cheval.

Le rendement de la drague est de 100 mètres cubes à l'heure.

Pour le moment, les déblais sont déchargés et transportés par des bateaux à clapets qui viennent décharger les produits des dragages derrière les murs. Plus tard, quand ce moyen ne sera plus possible, c'est-à-dire lorsqu'il faudra décharger les déblais au-dessus de marée, on emploiera le débarquement flottant déjà employé aux travaux de la régularisation du Danube à Vienne et au canal de Gand-Terneuzen.

SITUATION DES TRAVAUX AU 1er JUIN 1880

—

BASSIN DE BATELAGE

Les trois bassins sont aujourd'hui à peu près terminés ; il reste encore quelques déblais à faire, quelques tablettes de couronnement à poser et la toilette générale. Ces bassins pourront, dès que l'État en exprimera le désir, être livrés à la navigation. Les déblais s'élevant au cube de 560,000 mètres cubes, ont été commencés en août 1877.

Les battages de pieux et maçonneries ont été commencés au mois de novembre de la même année ; le cube total des maçonneries de toutes espèces s'élève à 54,000 mètres cubes.

Les ponts tournants sur les chenaux séparant les bassins et établissant les communications d'une rive à l'autre, sont placés et prêts à fonctionner ; les tabliers métalliques ont été fournis par la Société de Willebroeck.

ÉCLUSE ET CHENAL D'ACCÈS

Les travaux de l'écluse ont été commencés au mois d'août 1878 ; ils sont terminés depuis plusieurs mois déjà. Les deux paires de portes d'ebbe fournies par la Société de Willebroeck, celles de flot et les ponts tournants fournis par MM. E. Rolin et Cie, de Braine-le-Comte, sont posés et prêts à fonctionner ; il ne reste plus que la face aval du grand caisson qui a servi à la fondation de la tête à enlever ; elle a été conservée jusqu'à ce moment comme batardeau, pour permettre l'achèvement des terrassements du bassin de batelage.

Les murs en retour sur la tête d'écluse et le chenal d'accès sont à peu près terminés ; il ne reste plus qu'à achever le fonçage des deux petits caissons raccordant les murs du chenal avec ceux du quai. Ce travail sera terminé vers la fin du mois de juillet.

MUR DE QUAI A L'ESCAUT

La fondation du mur de quai a été commencée le 1er novembre 1878 avec un batardeau et son échafaudage flottant. Interrompu par la rigueur de l'hiver 1878-1879, sans qu'on ait pu achever la fondation du premier caisson, le travail a été repris en mars 1879 avec deux appareils; le troisième a été mis en marche à la fin de juillet de la même année. Les travaux ont été à nouveau arrêtés dès la fin de novembre 1879 et n'ont pu être repris qu'à la fin de février de cette année. Les glaces que charriait l'Escaut menaçaient de briser les appareils; il a fallu, malgré qu'on ait été un peu surpris, mettre tous les échafaudages flottants et batardeaux à terre, et, fort heureusement, il n'y a eu aucune avarie à déplorer.

Il y a aujourd'hui vingt-quatre caissons de murs de quai de fondés; il reste encore à foncer, pour terminer la première section qui doit être achevée cette année, vingt caissons ou 500 mètres de mur, ce qui, à raison de 3 mètres par jour, représente le travail de cinq mois et demi; aussi pensons-nous terminer toute la fondation dans le commencement du mois de novembre prochain.

L'élévation des murs au-dessus de marée basse marche rapidement; il a fallu attendre que quelques centaines de mètres de mur fussent fondés pour commencer l'élévation sur une ligne suffisamment grande; dans quelque temps, ce travail suivra de très-près celui des batardeaux, et un ou deux mois suffiront amplement pour terminer l'élévation quand les batardeaux auront cessé de fonctionner.

REMBLAI DERRIÈRE LES MURS

Les remblais derrière les murs ne pouvant se faire qu'après l'achèvement de ceux-ci, n'ont pu être, jusqu'à ce moment, poussés avec autant de vigueur qu'on aurait voulu le faire; il y a eu même une certaine partie de ces remblais qui ont été enlevés par l'eau; malgré cela, sur le million de mètres cubes qu'il y avait à remblayer, il n'en reste plus aujourd'hui que 400,000 à faire. Une nouvelle drague va être mise en marche, et si son travail ne suffit pas, les dispositions étant prises pour amener des remblais par chemin de fer, on mettra ce dernier moyen en œuvre afin de terminer les travaux de cette section dans les délais du contrat.

Sur les 18,000,000 de francs, montant de la dépense des travaux de la première section, 13,500,000 francs sont aujourd'hui employés, dont 2,000,000 pour approvisionnements et 11,500,000 francs pour travaux terminés.

IMPORTANCE DES INSTALLATIONS, MATÉRIEL, PERSONNEL

Sur les terrains mis à la disposition de l'entreprise pour y établir les ateliers de réparations, il a été construit, pour la réparation et l'entretien de machines de toutes espèces, des ateliers d'une surface couverte de 2,000 mètres, comprenant forges, machines à percer, à tarauder, à raboter, tours, poinçonneux, cisailles, etc. Un atelier de charpente et de menuiserie, avec scies circulaires, verticales et à ruban, machines à fraiser et à mortaiser ; enfin, des magasins et des habitations pour les employés et ouvriers de ces ateliers, complètent ces constructions.

MM. Rolin et Valentin ont, de leur côté, construit des ateliers d'une surface couverte de 2,300 mètres, pour la façon et le montage des caissons.

Les hangars pour la confection des mortiers, l'abri et l'extinction de la chaux, représentent 3,000 mètres de surface.

Quinze kilomètres de voies ferrées, cent wagons et deux locomotives desservent les chantiers.

A Hemixem, à quelques kilomètres d'Anvers, une briqueterie, occupant une surface de 20 hectares et 250 ouvriers par jour, a été installée, munie de tous les perfectionnements apportés dans ces derniers temps à la fabrication et à la cuisson de la brique. Quatre machines et un immense four annulaire avec séchoir fonctionnent continuellement. La fabrication annuelle s'élève à près de 25 millions.

La force en chevaux-vapeur mise au service des travaux, se décompose comme suit :

Atelier de réparations.	50 chevaux.
2 locomotives	100 "
5 chaloupes à vapeur et remorqueurs.	300 "
10 grues à vapeur pour le déchargement des matériaux, le coulage du béton, etc.	150 "
6 machines fixes pour le service des 3 échafaudages flottants.	180 "
6 pompes à vapeur des 3 échafaudages	50 "
2 machines soufflantes supplémentaires et de secours.	50 "
1 machine demi-fixe pour l'éclairage électrique . .	20 "
2 machines demi-fixes pour épuisements.	50 "
Locomobiles pour la fabrication du mortier, le battage des pieux, etc.	100 "
Drague.	70 "
2 machines pour la fabrication des briques à Saint-Bernard. . . , ...	80 "
Total en chevaux-vapeur.	1,200 chevaux.

Les travaux s'exécutent sous la surveillance et le contrôle de l'administration des ponts et chaussées, directeur général, M. Maus.

Un service spécial, organisé à cet effet, a eu à sa tête M. l'inspecteur général de Jaer jusqu'à sa mort, survenue il y a quelques mois. M. De Jaer a été remplacé par M. l'inspecteur général Lamal.

MM. De Matthys, ingénieur en chef directeur, et M. Prisse, ingénieur des ponts et chaussées, dirigent les travaux à Anvers.

La direction des travaux de l'entreprise a été confiée à M. L. Coiseau; il est secondé par MM. Thomas, pour le service administratif; Kessler, pour le service technique, et par un nombreux personnel d'ingénieurs, conducteurs, chefs de chantiers, etc.

Le nombre d'ouvriers employés sur les travaux a varié, cette année, depuis la reprise des travaux, de 1,000 à 1,100.

CONDUIT SOUTERRAIN

construit à l'aide de l'air comprimé

Ce conduit est construit près du bassin du Kattendyk, à Anvers, et a pour but de mettre en communication les canaux d'évacuation des eaux des nouvelles cales sèches avec le puits d'extraction des anciennes.

M. Royers, ingénieur de la ville, ayant reconnu que la machine d'extraction des anciennes cales était suffisamment forte pour faire le service des nouvelles et des anciennes, résolut de ne point établir de nouvelle machine et de mettre ces dernières en communication avec le puits d'extraction existant par une conduite souterraine, économisant ainsi une somme assez importante.

Cette économie n'était cependant possible qu'à la condition de pouvoir construire le conduit de A en B sans épuisements, qui eussent été très-importants, car le conduit se trouve, le dessous à 8^{m}50 en contrebas du niveau des eaux du bassin et dans une couche de sable vert boulant.

Les murs de la cale moyenne et du bâtiment des machines auraient certainement été entraînés.

PLAN DE SITUATION DU CONDUIT.

Échelle au $\frac{1}{1000}$ e

Bassin du Kattendyk.

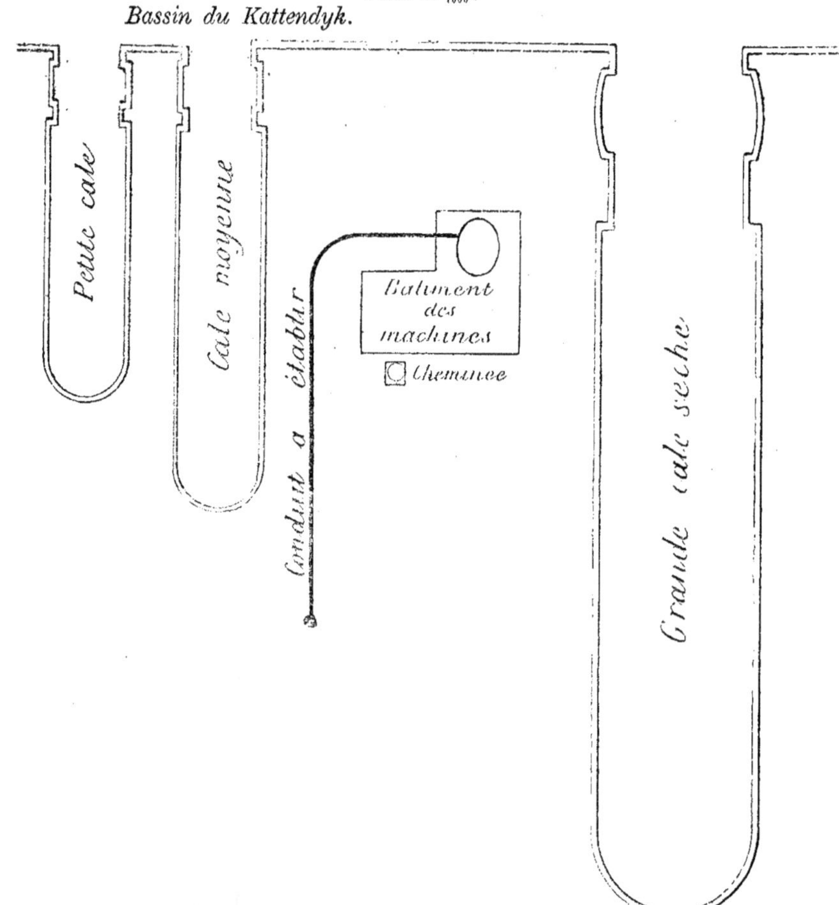

Consultés en mars 1879 par M. Royers sur la possibilité de construire ce conduit à l'aide de l'air comprimé, nous ne pûmes tout d'abord répondre affirmativement, car n'ayant point encore exécuté de travail de ce genre, ne connaissant non plus aucun cas où l'air comprimé aurait été employé à la construction de galeries horizontales, le conduit étant de plus à construire dans un terrain excessivement perméable, complétement rempli d'eau ; le problème ne nous semblait pas facile à résoudre.

Cependant, après examen et guidés par les observations que nous avions faites pendant le fonçage des caissons des murs de quai à l'Escaut, et spécialement à celui de l'écluse, où nous avions pu pénétrer d'une chambre à l'autre en passant par dessous le tranchant du caisson, le terrain étant le même que celui où le conduit était à construire, nous prîmes la résolution de tenter l'essai.

Le 4 juin, nous répondions donc à la lettre du 12 mars de M. Royers, nous demandant entre autres comment nous exécuterions le travail, le prix et éventuellement la somme que la ville pourrait devoir payer en cas de non réussite, et enfin le délai d'achèvement ; que nous nous engagions à à faire le travail à nos risques et périls, sans indemnité aucune pour le cas de non réussite, que nous ne prévoyons pas, du reste, moyennant la somme de 75,000 francs, dans le délai de cinq mois à dater de la réception de l'ordre de commencer les travaux.

Cet ordre fut donné le 15 septembre ; dès le 20 on commençait les maçonneries sur le caisson du puits duquel part le conduit. Ce puits a 3^m70 de diamètre extérieur et 2^m50 intérieur ; il a 12^m25 de hauteur, le dessous du radier se trouve à 6 mètres en contrebas de marée basse et le dessus à 6^m25 en contrehaut. L'anneau des maçonneries a 0^m60 d'épaisseur, il est entouré de tôles.

Il fut descendu à l'air libre et sans épuisement jusqu'à 3 mètres en contrehaut de marée basse, soit environ au niveau de l'eau du bassin du Kattendyk ; à partir de ce point jusqu'à la cote — 1, on put le descendre à l'aide d'épuisements qui ne firent qu'augmenter d'importance ; à la cote — 1, il ne fut plus possible de continuer, le sable venant avec l'eau en plus grande quantité que ce que l'on pouvait extraire.

Un couvercle en fer, fortement armé par des poutres, fut rivé aux cornières du bordage du puits préparées à cet effet. L'écluse à air fut posée et le travail de descente fut continué en employant l'air comprimé, il fut terminé le 19 novembre.

Le terrain rencontré se composait, à partir du dessus :

1° Sur 3^m50 d'épaisseur de terrains divers de remblais ;

2° Sur 2^m50, terre végétale et tourbes ;

3° Sur 2^m75, sable argileux verdâtre, renfermant beaucoup de coquillages ;

4° Et sur les 3^m30 restants, sable très-fin verdâtre et boulant.

Le conduit a 90 mètres de longueur, il est en ligne droite sur 58 mètres, en courbe tracée avec un rayon de 10 mètres sur 16 mètres et se raccorde avec le puits des anciennes cales par une ligne droite de 16 mètres.

DÉTAILS DU CONDUIT EN FONTE.

Échelle au $\frac{1}{20}$c

Coupe en travers.

Coupe en long.

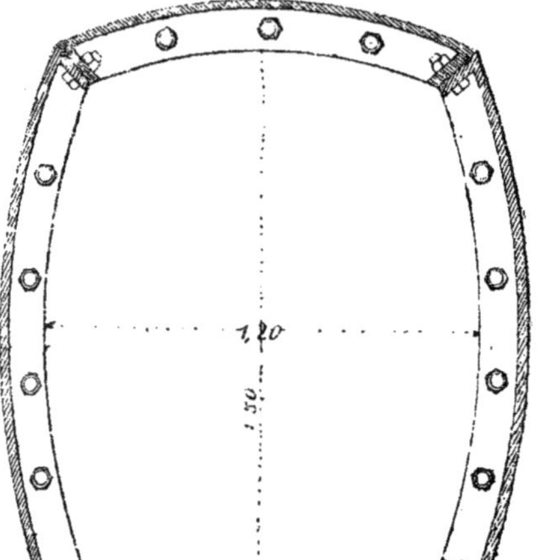

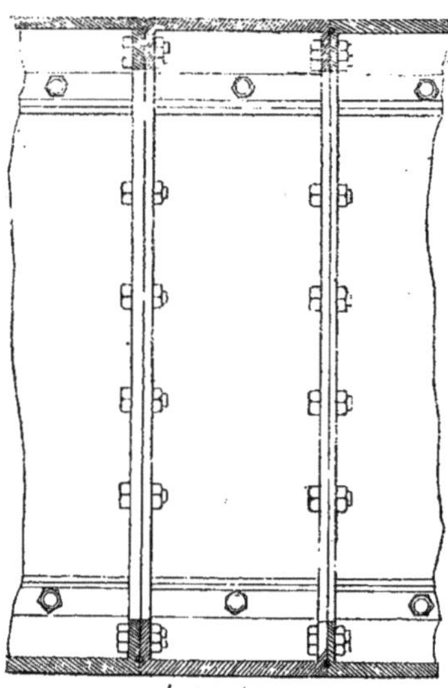

Plan.

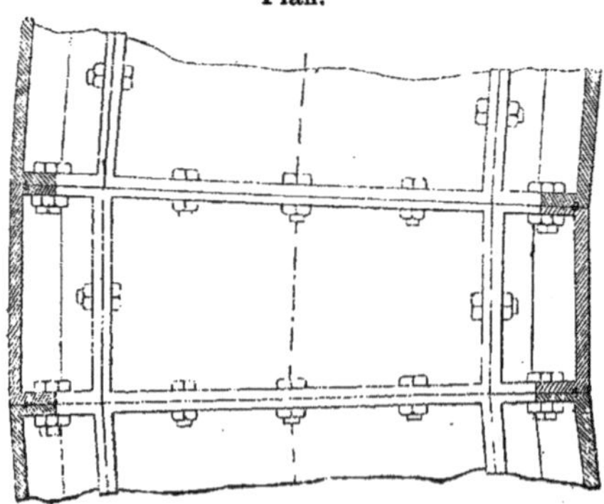

Il est de forme à peu près ovale et a comme dimensions, entre les nervures des anneaux, 1^{m}50 de hauteur et 1^{m}20 de largeur; il a extérieurement 1^{m}70 et 1^{m}50. Il est composé d'anneaux en fonte de 0,03 d'épaisseur et de 0,50 de longueur, lesquels se décomposent en quatre parties, qui sont réunies entre elles par quatre boulons. Les anneaux sont assemblés entre eux par quatorze boulons. Les joints entre les parties d'anneaux et entre deux de ces derniers sont formés par une corde de 15 millimètres de diamètre, non câblée et suiffée, placée dans une petite rainure ménagée à cet effet dans les nervures extérieurement à la ligne des boulons.

L'ouverture du conduit dans le puits fut commencée le 20 novembre, le lendemain on posait le premier tronçon; le dernier fut placé et le conduit achevé le 12 janvier 1880, c'est-à-dire en cinquante-trois jours de travail, soit à raison de 1^{m}70 d'avancement par jour de vingt-quatre heures de travail.

On a procédé comme suit pour l'exécution :

L'écluse à air à trois compartiments était, comme nous l'avons dit plus haut, placée sur le couvercle du puits; cette écluse était munie de portes permettant l'introduction des parties les plus grandes des anneaux, celles-ci étaient amenées à l'aide d'un chariot roulant sur un pont au-dessus du compartiment du milieu de l'écluse, elles étaient sassées et de là descendues au fond du puits, où elles étaient reçues sur un wagonnet roulant sur une voie de 0^{m}40, qui les conduisait à l'avancement.

Deux hommes préparaient la place en déblayant en avant sur un mètre, à partir du dernier tronçon, la galerie d'avancement avait environ 0^{m}20 de plus large tout autour que l'anneau, elle avait, par conséquent, 2^{m}10 de haut et environ 2 mètres de large; les déblais étaient transportés dans les caisses placées sur les wagonnets, jusqu'au puits d'où ils étaient expulsés par quatre hommes, quatre autres ouvriers étaient occupés au placement des anneaux. On plaçait d'abord la partie inférieure, ensuite les deux côtés latéraux, et enfin la clef, en l'élevant verticalement entre les deux côtés, suffisamment écartés pour la laisser passer, on la laissait ensuite porter, et après avoir placé les cordes dans les joints, on serrait le tout. Une partie des déblais de l'avancement était employée à bourrer fortem nt l'anneau et à le maintenir dans sa direction après sa mise en place.

Les ouvriers travaillant dans l'air comprimé se relevaient par postes de six heures.

La pression a été constamment égale à la différence de hauteur du dessus du conduit au niveau de l'eau dans les bassins; par suite, il y a presque toujours eu de l'eau et des suintements dans le bas du conduit, qui n'ont cependant pas été suffisants pour entraver la marche du travail.

La machine soufflante ayant été, par suite d'un accident arrivé à la machine motrice, arrêtée pendant une heure, l'eau est arrivée immédiatement, entraînant avec elle une grande quantité de sable, les deux pan-

neaux affectant la forme du conduit et préparés en cas d'accident, furent
placés ; sans cette précaution, la galerie aurait été complétement remplie
de sable. Quand la soufflante a été remise en marche, elle a eu beaucoup
de peine à refouler l'eau qui venait, surtout à l'arrière, en suivant le
conduit. Malgré cela, au bout de six heures le travail a pu être repris.

La direction du conduit ayant été établie sur une très-petite base (la
largeur du puits), il était difficile d'arriver exactement au but, d'autant
plus qu'il y avait une courbe ; pour s'assurer de la direction, trois trous de
sondages furent pratiqués dans le sol avec des tuyaux à gaz, dans lesquels
on refoulait de l'eau à l'aide d'une pompe à incendie, ce qui facilitait la
descente ; chaque trou fait est arrivé constamment à la galerie en indiquant
que l'on était en bonne direction, ce que la percée dans le puits de la
machine a fini de confirmer.

VUES EN COUPE DU PUITS ET DU CONDUIT SOUTERRAIN

PENDANT L'EXÉCUTION.

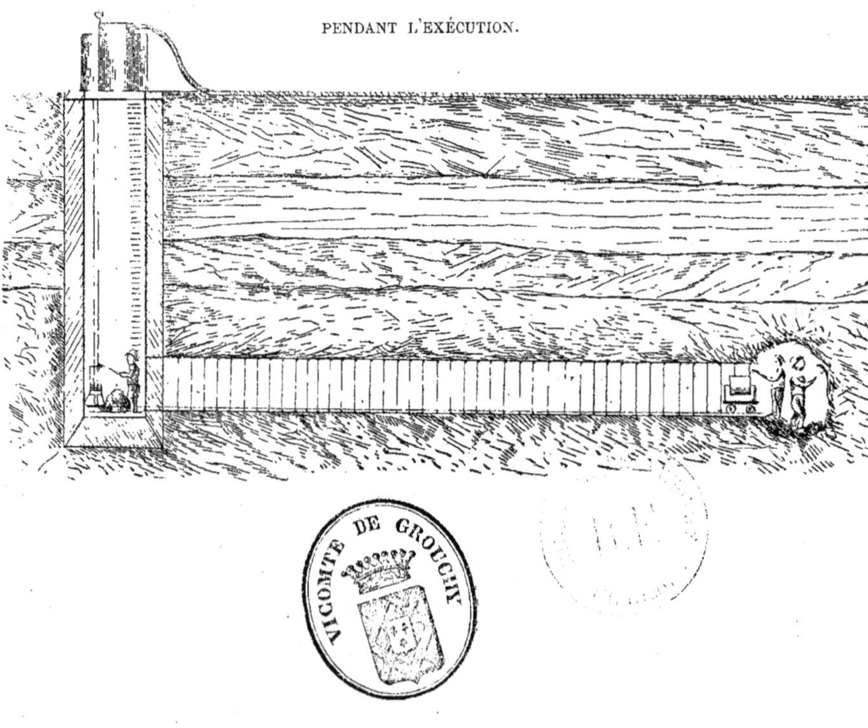

MUR DE QUAI-ENSEMBLE

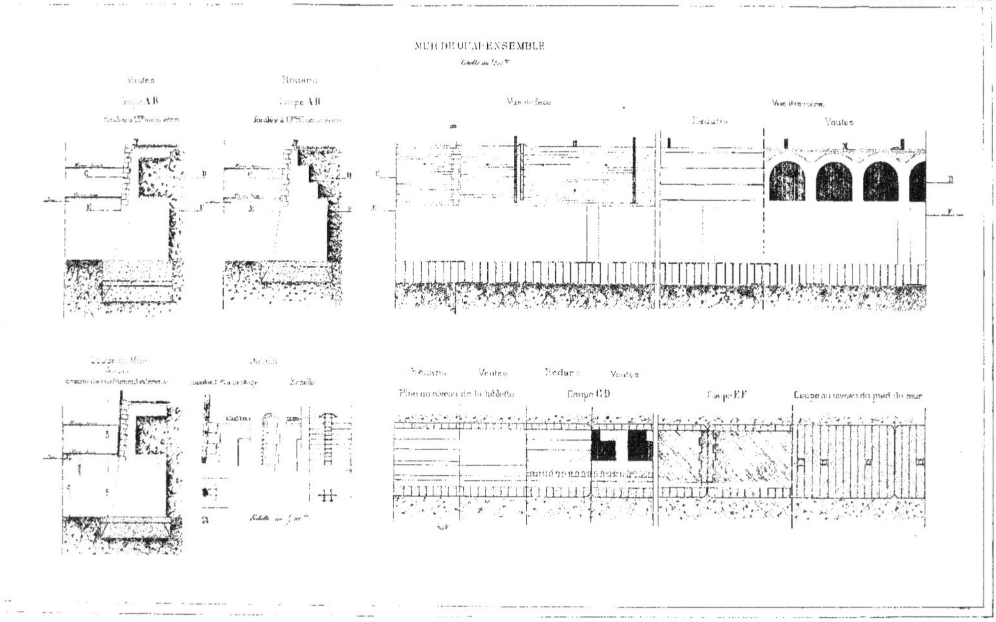

ÉCLUSES

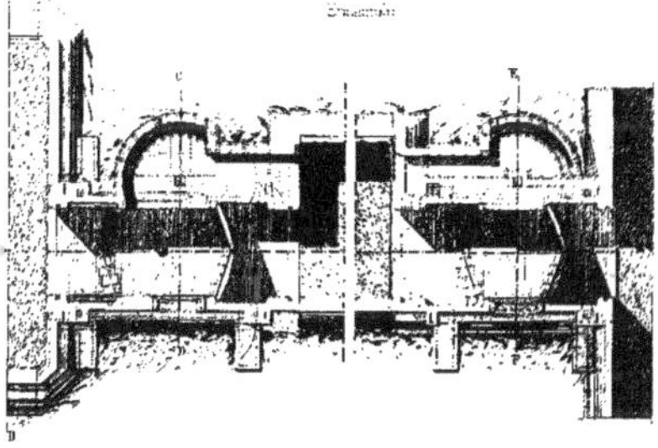

Coupe par C.D.

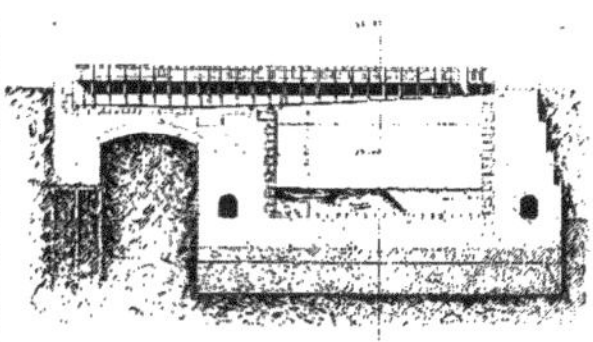

Élévation par E.F.

Élévation

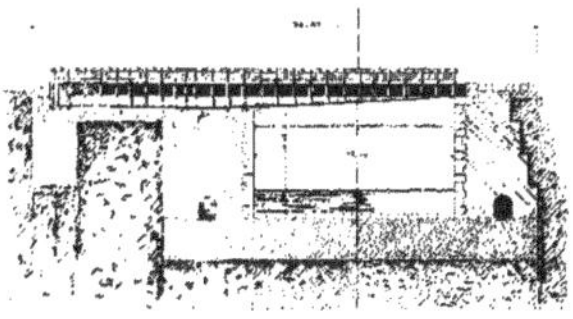

Coupe longitudinale par l'axe

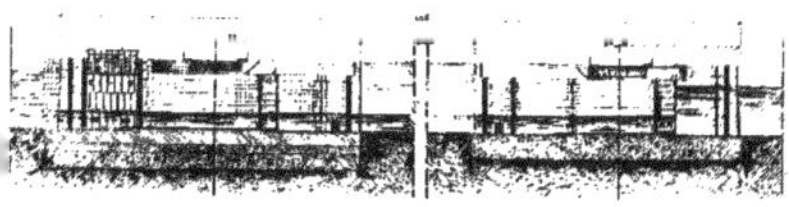

Élévation par A.B.

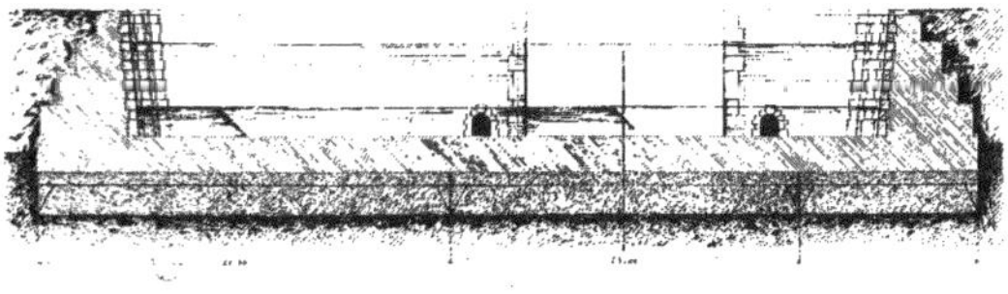

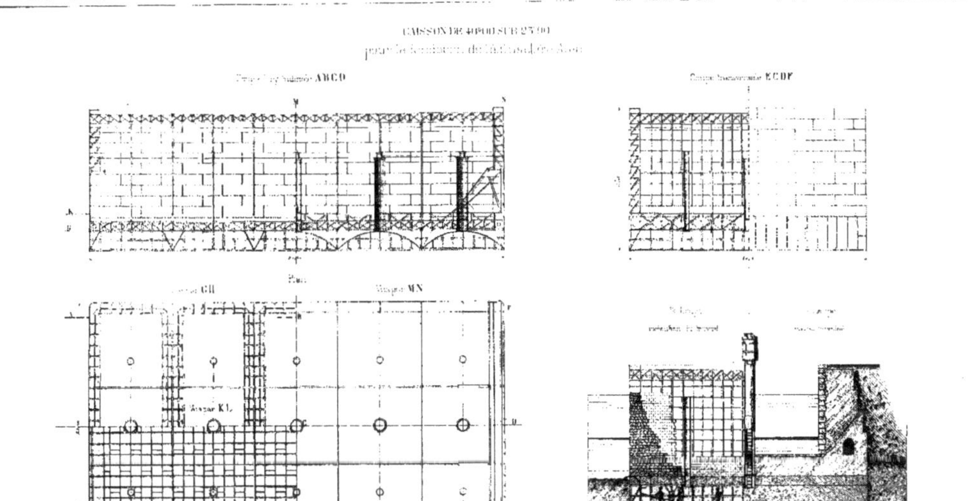
NOUVEAUX ÉTABLISSEMENT
CAISSON DE 40m00 SUR 25m00
pour la fondation de l'écluse des Arts
Coupe longitudinale ABCD
Coupe transversale ECDF
Plan
Coupe GH
Coupe MN
Amorce KL

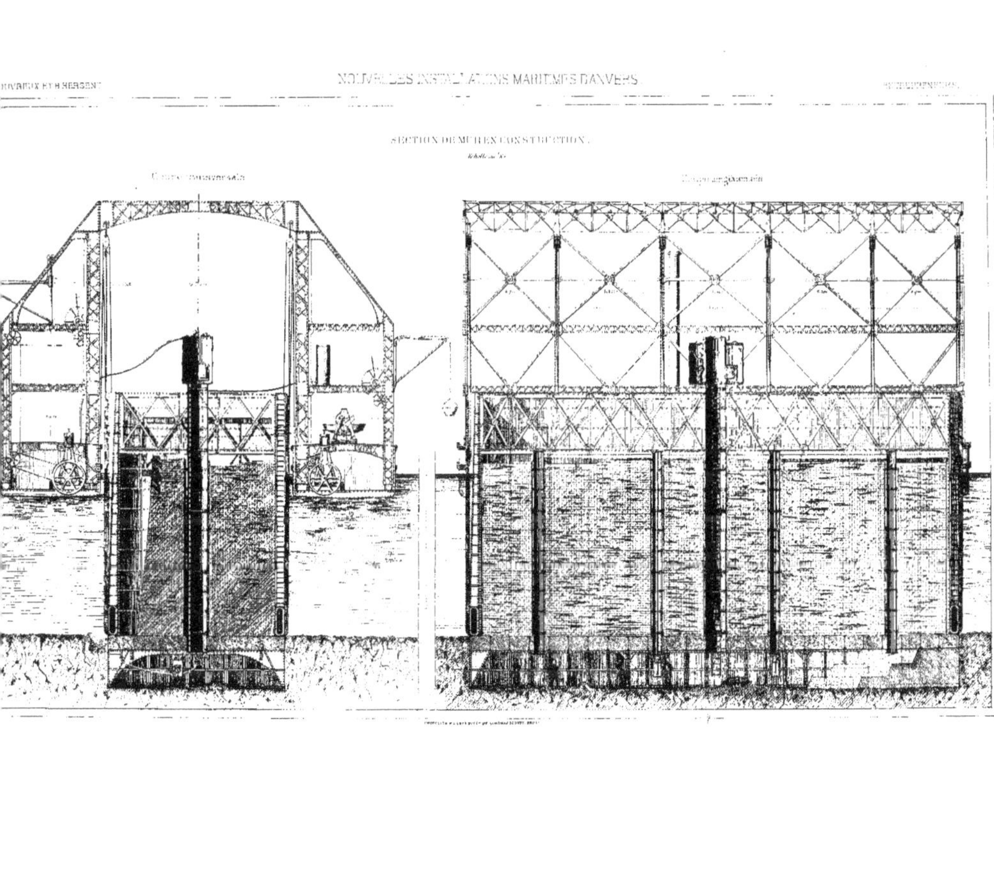
SECTION DE MUR EN CONSTRUCTION.
Coupe transversale
Coupe longitudinale